COMO LAS TIC DESARROLLAN HABILIDADES CREATIVAS

Hacia la implantación de un laboratorio de creatividad TIC para enfrentar los retos profesionales

De

Camilo Alejandro García

Título: Como las TIC desarrollan habilidades creativas.
Subtítulo: Hacia la implantación de un laboratorio de creatividad TIC para enfrentar los retos profesionales.

Ilustración de cubierta © Rafael Francisco Pinzón.

Prólogo © Carlos Andrés Mesa.

Derechos de autor © Camilo García.

Primera edición: © 2020 International Book Market Service Ltd., miembro de OmniScriptum Publishing Group.
©Editorial Académica Española. Es una marca comercial de International Book Market Service Ltd., miembro de OmniScriptum Publishing Group.
ISBN: 978-620-0-42296-5
17 Meldrum Street, Beau Bassin 71504, Mauritius

Edición impresa: agosto de 2020
© Camilo García. Editado en Bogotá.
ISBN DIGITAL: 978-958-48-9831-9
ISBN IMPRESO: 978-958-48-9830-2

A mi Madre

A mi Padre

A mi Hermano

A mis Maestros

Tabla de contenido

Prólogo 5

PARTE I: Creatividad, pensamiento, desarrollo humano y educación para las TIC 9

    Capítulo uno: Creatividad 11

    Capítulo dos: Pensamiento y desarrollo humano 33

    Capítulo tres: Hacia la educación en habilidades creativas .. 57

PARTE II: Como evaluar e identificar habilidades creativas como consecuencia del uso de herramientas TIC 67

    Capítulo cuatro: Enfoque positivo para medir el impacto de las herramientas TIC 71

    Capítulo cinco: Estudios comprensivos para medir el impacto de las herramientas TIC 137

PARTE III: Para qué evaluar e identificar habilidades creativas como consecuencia del uso de herramientas TIC 157

    Capítulo seis: Laboratorios de creatividad TIC 159

    Capítulo siete: TIC para potenciar habilidades creativas para el emprendimiento y el aprendizaje de un segundo idioma. 169

Conclusiones y recomendaciones 183

Ultílogo sobre la Innovación 191

Referencias 197

Información sobre el autor 205

Prólogo

Nos encontramos en una época donde las actividades mediadas por las TIC generan acciones dirigidas a la transformación digital de nuestras actividades cotidianas; esta es, precisamente, la labor de la transformación digital de la mano de las TIC. Conscientes de su potencial, cada vez son más los ámbitos que están apostando por esta tendencia digital, entre ellos la educación.

En el contexto educativo, la pregunta que surge es: ¿Cómo se está aplicando las herramientas TIC en el ámbito educativo y qué beneficios puede llegar a aportar en los procesos de enseñanza y aprendizaje en los estudiantes?

"Nunca parar de aprender", es una actitud que cada vez más demanda en los estudiantes de hoy y en los profesionales del mañana. Esta postura frente a su crecimiento académico y profesional demanda una posición reflexiva, respecto a los procesos formativos que enfrenta y las habilidades que desarrolla en los espacios académicos. Es por esto por lo que, el conocimiento de sus destrezas y valores, le permitirá ser más sensible a percibir lo que el sentido común no puede captar, salido de lo común, con originalidad, con creatividad.

El autor del presente libro comparte sus experiencias en el desarrollo de habilidades creativas mediante la incorporación de herramientas TIC, con investigaciones que ha liderado con estudiantes que requerían desarrollar competencias asociadas al diseño; área de la ingeniería que requiere la generación de soluciones originales, funcionales y útiles para la sociedad.

El libro va dirigido principalmente a personas apasionas por el uso de TIC en sus procesos de formación, profesión y/o desarrollo de proyectos personales. Encontrarán aquí un insumo para comprender, cómo las habilidades creativas pueden ser desarrolladas y potenciadas como consecuencia del uso de herramientas TIC.

El lector encontrará un flujo de trabajo que le permitirá abordar el análisis cuantitativo y cualitativo. Lo anterior, busca establecer la existencia relacional (estado, factores y diferencias significativas) entre el uso de herramientas TIC y las habilidades creativas desarrolladas por los individuos. De igual forma, el autor brinda una sencilla guía para el uso de Atlas.ti® y SPSS®, como herramientas de apoyo para el desarrollo de investigaciones cualitativas y cuantitativas.

Es destacable en el autor, el esfuerzo por analizar pruebas sencillas que, le permitirán al lector, evaluar varios factores o indicadores, los cuales están asociados a diferentes habilidades creativas. Lo anterior tiene como fin último, establecer en cada individuo, grupo y/o organización, su respectivo perfil creativo relacionado con el uso de una o varias herramientas TIC.

El autor establece un modelo que facilite el desarrollo y diagnóstico de un Laboratorio de Creatividad TIC, que permitirá la identificación y el desarrollo de estudios que apunten hacia la caracterización, clasificación y potenciación de habilidades creativas desarrolladas en los individuos por el uso de TIC. Lo anterior apunta hacia el entrenamiento de habilidades deseadas en los individuos, generando en ellos una postura confrontativa frente a los retos aprendizaje, como es el caso del desarrollo de habilidades comunicativas en un segundo idioma y los retos de emprendimiento en la actualidad.

Les extiendo la más cordial bienvenida a este conjunto de experiencias acompañadas de un proceso enseñanza centrada en el futuro, que busca convertir a los individuos en actores protagonistas de su proyección.

Carlos Andrés Mesa Montoya

Ingeniero mecánico

Magister en Ingeniería Mecánica

PARTE I: Creatividad, pensamiento, desarrollo humano y educación para las TIC

"Usted ha cometido otra vez el error de viajar con alguien

que lleva gran cantidad de equipaje y se está esforzando en

imaginar cómo podrá colocarlo todo en el portaequipaje del coche.

Observa fijamente una maleta, mentalmente se la imagina colocada

de determinada manera en portaequipaje, pero entonces se da cuenta

de que no dejará suficiente espacio para otra maleta. Por tanto,

hace girar mentalmente la imagen de la primera maleta y ve que

ha producido suficiente espacio. La imagen le ahorra tiempo y

esfuerzo..."

Kosslyn (como se cita en Arroyo Almaraz, 1997).

En la primera parte, el lector podrá identificar las principales vertientes teóricas relacionadas con la creatividad, pensamiento, educación y el uso de herramientas TIC. El uso de la herramienta Atlas.ti®, que se abordará en el *Capítulo cinco: Estudios comprensivos para medir el impacto de las herramientas TIC*, permitió identificar las categorías y subcategorías para establecer el mapa de la Ilustración 1, que convergen hasta centrarse en el desarrollo de las habilidades creativas de los individuos (Ilustración 1).

Ilustración 1. Vertientes Teóricas que conforman la primera parte del libro.

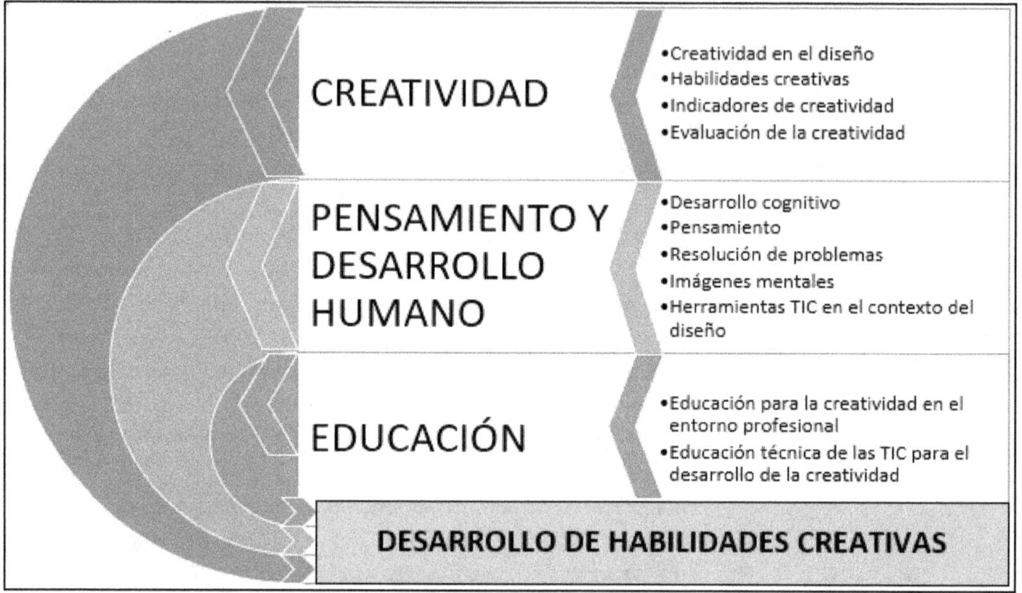

Fuente: elaboración propia.

Capítulo uno: Creatividad

Con base en las definiciones, conceptos e interacciones de los diferentes autores tratados en el presente capítulo, se presenta en la Ilustración 2 el mapa o ruta para el lector con los conceptos y posturas recogidas.

Los autores son unánimes en reconocer que todo ser humano es potencialmente creativo, pero no coinciden en definir el concepto de creatividad por ser multidimensional, que ha sido estudiado desde las dimensiones como persona, proceso, medio y producto. La factorización de la creatividad se refiere a los diversos modos de manifestarse de acuerdo con el campo o contenido al que se aplique, bien, se puede ser creativo en alguno de ellos y no destacarse en otros (de la Torre & Marín Ibañez, 1991).

La creatividad es *tener ideas y comunicarlas*. Atiende a diferentes niveles de acuerdo con el desarrollo de la persona, llamados también períodos bioculturales de los sujetos, en relación con la edad o etapa del individuo, que va desde el preescolar hasta el profesional-adulto. En cada uno de los períodos, predominan unas aptitudes básicas y unos niveles de manifestación diferenciales (de la Torre & Marín Ibañez, 1991).

Ilustración 2. Mapa de la creatividad.

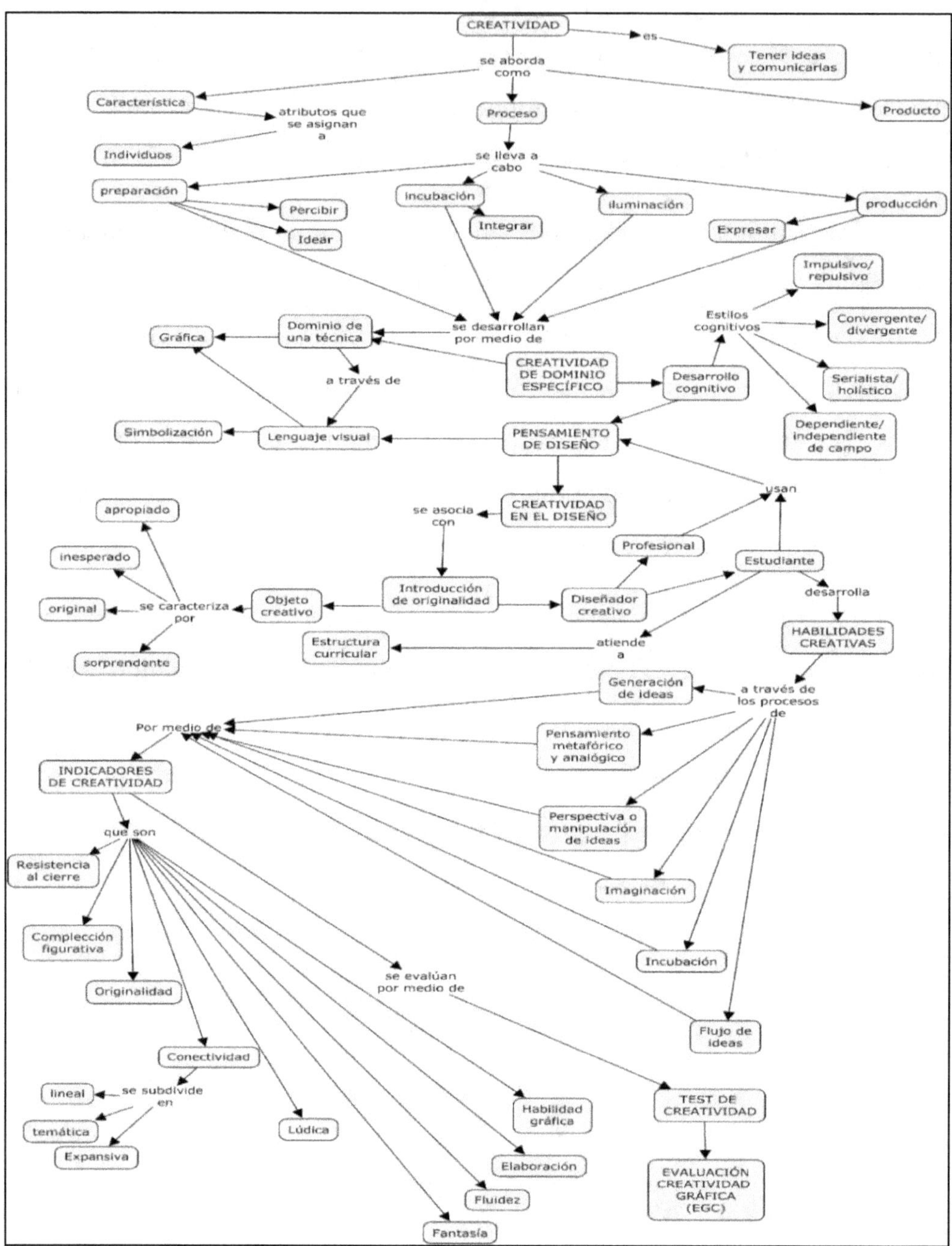

Fuente: elaboración propia.

La creatividad puede ser vista como:

- Característica: para Guilford (como se cita en Gonzales Quitián, 1997) se refiere a diferentes atributos que se asignan a las características de los individuos.

- Proceso: para Bruner (como se cita en Gonzales Quitián, 1997), los individuos construyen su referente y establecen la categoría ontológica de sus actividades, escenarios y ambientes en los que desarrolla el acto creativo, y como menciona Wallas (como se cita en Gonzales Quitián, 1997), los pasos que se utilizan para la generación y producción creativa.

- Producto: para Taylor (como se cita en Gonzales Quitián, 1997) corresponde a la diferenciación de niveles en la producción creativa o para Parnes & Adams (como se citan en Gonzales Quitián, 1997) es la determinación del producto creativo. El dominio de una técnica conduce a la creatividad inventiva o productiva.

Existen diferentes ámbitos de aplicación que ofrecen diversidad y pluralismo en las manifestaciones creativas, entre los que se encuentran las artes plásticas y visuales, tales como la pintura, escultura, arquitectura, cerámica, diseño y decoración, es decir, todas aquellas actividades que parten de la configuración o representación icónica de la realidad (de la Torre & Marín Ibañez, 1991).

La creatividad, al ser una habilidad muy deseable por diferentes tipos de organizaciones y por la sociedad actual, se busca explotar o potenciar especialmente en las áreas de la educación. Existen instrumentos que permiten medir la creatividad en los estudiantes, pero más fundamental, es conocer los procesos cognitivos que se encuentran asociados a la creatividad, de tal manera que se puedan potenciar para el desempeño creativo del individuo.

Para realizar una aproximación cognitiva hacia la creatividad, Gardner (como se cita en Bermejo García & Ferrando Prieto, 2014), propone el término "creatividad de dominio específico". Se refiere a la capacidad del individuo para manifestar las habilidades creativas, pero en diferentes áreas o dominios curriculares. De esta manera, se pueden revisar los trabajos que utilicen medidas y modelos para evaluar la creatividad en algún dominio concreto.

Baer (como se cita en Bermejo García & Ferrando Prieto, 2014) argumenta que el desarrollo cognitivo procede por una parte de dominios diferentes del conocimiento y por otra, de las habilidades y conocimientos que subyacen en el rendimiento en cada dominio o área del conocimiento, además, estas habilidades no se relacionan con otras de dominios desiguales.

Cada estilo cumple con la característica de ser una modalidad de conocimiento adecuado para las exigencias del entorno social, por lo que el entorno influye en cada uno de estos. Si cada individuo logra encontrar su propio estilo, puede aportar más al ser consciente de cómo es y cómo debe ser su aprendizaje, y podrá ser capaz de transformar su entorno y adaptarse a las diferentes circunstancias del medio que lo rodea (Gonzales Quitián, 1997).

Creatividad en el diseño

Para converger el desarrollo de la creatividad en áreas de dominio específico dentro de las TIC, se analiza el presente apartado en el contexto del diseño. De las tres escuelas que conceptualizan la creatividad: psicológica, histórico-sociológica y la incluyente, esta última asocia la creatividad con el comportamiento del individuo inmerso dentro de un contexto, y además, con las definiciones encontradas por su estrecha relación con las actividades propias de un profesional de diseño 3D en ingeniería, se llega Csikszentmihalyi (como se cita en Chaur Bernal, 2004), que establece la creatividad como función que muestra la interacción entre la persona, el campo y los sistemas de dominio.

Morea & Soraire (como se citan en Torre & Violant, Comprender y Evaluar la Creatividad Vol.1, 2006) proponen la creatividad desde dos perspectivas visuales y plásticas. La primera es la creatividad y Artes Plásticas, la segunda corresponde a la creatividad y el Diseño Industrial. La creatividad está presente en los individuos que intervienen para producir objetos artificiales, sean de arte o diseño, y también en los procesos creativos que tienen lugar hasta el momento en que son dados a conocer.

En ambas disciplinas, los productos creativos corresponden a objetos artificiales, pero a diferencia de los objetos del arte, los objetos del Diseño Industrial son producto de un análisis de los artefactos y planificaciones que conllevan al desarrollo de un producto. Está presente también la comunicación visual a través de las imágenes visuales las cuales operan directamente sobre la sensibilidad (Torre & Violant, 2006).

En la actividad de diseño, la creatividad se estima como un pensamiento asociativo amplio y alternativo que cuenta con la posibilidad de representación y simbolización de modo divergente, aprovechando el conocimiento a través de la estructuración de variadas rutas mentales. Se expresa en la producción de algo con novedad y coherencia, por esta razón existen dificultades para identificarla y evaluarla, ya que dependiendo del contexto puede variar la percepción de innovación, valor, originalidad, novedad, etc. (Sánchez, y otros, 2006).

Habilidades creativas

Investigadores como Boden, Perkins y Sternberg (como se cita en Gardner, 2010) han descrito como los individuos creativos se caracterizan por:

- Identificar los problemas.
- Buscar e identificar los espacios de solución.
- Identificar pistas que puedan llevar a buenos resultados.
- Evaluar soluciones alternativas a los problemas.
- Uso de los recursos de tiempo y energía para avanzar en su proyecto de modo eficaz.
- Decidir hasta que momento seguir investigando o pasar a otra línea.
- Reflexionar sobre los procesos creativos.

Gruber (como se menciona en Gardner, Arte, Mente y Cerebro, una aproximación cognitiva a la creatividad, 1997) establece que para el desarrollo de la creatividad el individuo se debe relacionar con la organización de los conocimientos en un campo, el objetivo pretendido y las vivencias afectivas que experimenta. Es entonces donde surgen las habilidades creatividades específicas, que se pueden potenciar con estrategias cognitivas que puedan impactar el proceso creativo en diferentes maneras. Visto de otra manera, los profesores pueden incorporar "paquetes" educativos para incrementar la creatividad en los currículos de los programas académicos, muchos de ellos ya se encuentran disponibles, y soportados por evidencia empírica que demuestra el impacto en el desarrollo creativo de los individuos (Miller, 2009).

Miller (como se cita en Bermejo García, Ferrando Prieto, Sainz Gómez, Soto Martínez, & Ruiz Melero, 2014), quien parte de la idea de la multiplicidad de procesos cognitivos que garanticen tanto la evaluación de los mecanismos en el proceso creativo, como de que se puedan entrenar para avalar el rendimiento creativo del estudiante universitario. Establece procesos que son:

- Generación de ideas: capacidad para dar la mayor cantidad de respuestas posibles sin tener en cuenta la plausibilidad y sin juzgar todas las alternativas generadas.

- Pensamiento metafórico y analógico: capacidad para establecer relaciones entre elementos. Hace referencia a la conexión entre ideas o situaciones previas y una nueva situación o problema que se plantea.

- Toma de perspectiva o manipulación de ideas: capacidad para entender el pensamiento de los otros. Cambiar el punto de vista que se tiene del problema con el fin de alcanzar una solución apropiada. El objetivo es transformar de forma intencional la perspectiva que se tiene del problema para poder entenderlo de una forma diferente.

- Imaginación: capacidad de visualización interna del problema entendida como uno de los elementos más importantes en el proceso creativo, que según Van Gardereb & Montague (como se cita en Bermejo García, Ferrando Prieto, Sainz Gómez, Soto Martínez, & Ruiz Melero, 2014) puede ser usada para la resolver problemas matemáticos o para representación espacial.

- Incubación: proceso en el que se trabaja de forma inconsciente la solución de un problema. Se lleva a cabo mientras el individuo está realizando otras actividades rutinarias. Como proceso cognitivo asociado a la creatividad no se puede instruir de forma explícita, sino dejando el problema de lado o dejar pasar el tiempo para permitir asociaciones inconscientes entre las ideas.

- Flujo de ideas: al igual que el anterior, es un proceso casi automático, se produce cuando el individuo realiza un trabajo intenso y de carácter creativo. Se requiere de cierta experiencia para que este proceso se produzca. Si bien es definido como un proceso casi automático, su estado es de un alto grado de conciencia enfocada.

Indicadores de la creatividad

Las investigaciones de J.P Guilford, Löwenfeld y Torreance (como se citan en Marín Ibañez, 1998) vienen a coincidir en algunos rasgos fundamentales o indicadores, que permiten por una parte diagnosticar las habilidades creativas, y por otra establecer la convergencia en objetivos a alcanzar en la formación para la creatividad (Marín Ibañez, 1998).

J.P. Guilford y E.P. Torreance (como se citan en de la Torre & Marín Ibañez, Manual de la creatividad, 1991) describen factores o indicadores de la creatividad, que incluyen la novedad, originalidad, flexibilidad o variedad de respuestas, fluidez o productividad valorada numéricamente, elaboración, inventiva, entre otros.

En la Tabla 1 se observan los factores en que coinciden (x) y difieren (-) los autores Löwenfeld, Guilford y Torreance (como se citan en Marín Ibañez, 1998).

Tabla 1. Indicadores de creatividad para Löwenfeld, Guilford y Torreance.

INDICADORES DE CREATIVIDAD	AUTORES		
	Viktor Löwenfeld	J.P. Guilford	E. Paul Torreance
SENSIBILIDAD PARA PROBLEMAS. PREGUNTAS	X	X	X
FLUIDEZ, PRODUCTIVIDAD	X	X	X
FLEXIBILIDAD MENTAL	X	X	X
ORIGINALIDAD	X	X	X
FORMULAR HIPÓTESIS	X	X	X
REDEFINIR (USOS INUSUALES)	X	X	X
MEJORA DEL PRODUCTO	X	X	X
ESTABLECER RELACIONES REMOTAS	X	X	X
ELABORACIÓN	X	X	X
SÍNTESIS	X	X	X
ABSTRACCIÓN	X	-	-
ANÁLISIS	X	-	-
ORGANIZACIÓN	X	-	-
COMUNICACIÓN	X	X	X

Fuente: Marín Ibañez (1998).

De la Torre & Marín Ibañez (1991) y Marín Ibañez (1998) abordan cada uno de los factores y los asocian a una o varias habilidades creativas de los individuos, los cuales se describen a continuación:

- Sensibilidad para los problemas: la única manera de superar una situación es descubrir sus fallos; desde este indicador, una actitud no creativa es cuando el individuo niega un problema o no tiene voluntad de descubrir si hay algún problema.

- Fluidez o productividad: cuando el individuo da una gran cantidad de respuestas y soluciones. Normalmente para evaluar este rasgo las pruebas verbales o gráficos cuentan el número de respuestas que el individuo ha completado a partir de un estímulo inicial. En algunas técnicas como el *brainstorming*, este rasgo es muy característico ya que se pide producción acrecentada e ilimitada de ideas. Este indicador se puede complementar con otros ya que a pesar de que un individuo puede dar gran cantidad de respuestas, muchas de ellas pueden ser repetitivas.

- Flexibilidad mental: se opone a la rigidez, a la inmovilidad, a la incapacidad de modificar comportamientos, actitudes o puntos de vista, a la imposibilidad de ofrecer otras alternativas o variar en la ruta el método emprendido. Se trata de categorizar las respuestas, los productos; cuando el sujeto puede responder a una gran variedad de categorías o disciplinas, ofreciendo respuestas referidas a mundos distintos de categorías diferentes una de otras, y con aspectos de la realidad poco enlazados entre sí. Cuando el individuo no ofrece un solo argumento, sino muchos y variados, unos para llegar al ánimo del oyente, otros fundamentados en costumbres o precedentes, otros en consecuencias económicas, investigaciones, testimonios, etc.

- Originalidad: suele tener el rasgo de lo inconfundible, de lo único, de lo irrepetible, algo que implica que es diferente, que no tenía precedentes, distinto y diferente a lo establecido. Se establece referida a un grupo y momento determinado, ya que para un grupo una respuesta que puede ser original no lo es para otro.

- Formular hipótesis: es el momento decisivo de toda investigación científica y a su vez el más creativo. Se formulan ante hechos cuyas causas normalmente se ignoran, donde las relaciones resultan aparentemente desconocidas o inexplicables. Los investigadores formulan hipótesis que dan razón a los acontecimientos.

- Redefinir (usos inusuales): capacidad de encontrar usos, funciones, aplicaciones diferentes de las habituales. Lo que parecía un objeto predeterminado para un uso concreto, amplía el abanico de usos y resuelve muchos problemas. La redefinición como el acto de definir las cosas de otra manera o hacer que sirvan para algo distinto, que su función sea diferente.

- Mejora del producto: se brindan atributos adicionales a un producto o proceso prestablecido o ya elaborado, que supera los hechos y que consigue nuevos enfoques que resuelven los problemas y responden a exigencias mayores.

- Establecer relaciones remotas: en los primeros momentos el individuo busca establecer relaciones más próximas, usuales y triviales, pero a medida que avanza el tiempo y se agotan las respuestas banales, se buscan conexiones ocultas o forzadas aparentemente distantes, que conducen a soluciones sorprendentes y creativas.

- Elaboración: capacidad del individuo de completar una imagen esencial con detalles típicos, significativos, reveladores. Es la capacidad de dar forma y rematar una obra. Este indicador está muy relacionado con el arte y lo gráfico. Asociado también a una gran capacidad de análisis y enfoque sobre los detalles de un problema o solución.

- Síntesis: reunir múltiples elementos para que formen un todo capaz de alcanzar una finalidad valiosa o la capacidad de fundir elementos variados y darles articulada unidad.

- Abstracción: se trata de eliminar lo accidental y descubrir lo común, lo esencial. Formular un concepto, una ley, una teoría que englobe casi infinitas cantidades de hechos. Entre más abstracta sea la idea, más general y englobante, mejor se revela la capacidad creadora del sujeto.

- Análisis: capacidad para descomponer mentalmente una realidad en sus partes, permitiendo profundizar en cada parte y entender mejor la realidad a partir de sus aspectos o componentes. Una buena capacidad de análisis puede profundizar en la realidad porque la contempla desde sus interioridades y desde sus elementos integrantes.

- Organización: se habla en este indicador en planificaciones, proyectos y programas que intentan superar un fallo, alguna deficiencia, o algo que no responde a los deseos o ideales, que debe tener en cuenta recursos financieros, personales y materiales del contexto en que se esté actuando. La organización permite posteriormente formular el problema con precisión y llevar con éxito su resolución, por lo que se considera un indicador creativo.

- Comunicación: capacidad de llevar un mensaje convincente a otros, de hacer entender una idea confusa. El individuo creativo al comunicar suele anticiparse a lo que otros piensan, sienten y no han alcanzado a formular. También se puede definir como la capacidad de llegar eficazmente a los demás.

Evaluación de la creatividad

El diagnóstico y la estimulación han sido siempre los dos enfoques prioritarios de los estudios de la creatividad. Respecto al primer aspecto, muchos autores principalmente de origen estadounidense son los pioneros en este tema, seguidos de autores españoles, ya que muchas de las pruebas que se usan en la actualidad son aplicación o modificación de las creadas por ellos (Tabla 2). De acuerdo con Marín Ibañez (1998), Guilford es quizás el autor más destacado en este campo, el cual ha construido una prueba para validar su modelo teórico de la estructura de la inteligencia a través de 120 factores, los cuales se abordan desde el pensamiento divergente, convergente y actividades de operación y evaluación. Paul Torreance y sus colaboradores (Gowan, Yamamoto, etc), han reducido la complejidad de los factores de Guilford a solo cuatro: Fluidez, flexibilidad, originalidad y elaboración, que son los más utilizados a nivel global y fueron publicados en sus pruebas *Thinking creatively with words* (como se menciona en Marín Ibañez, 1998). Wecch-Barron han desarrollado pruebas gráficas, las cuales han tenido una reducción desde sus inicios a un total de 40 figuras, donde se evalúa la inclinación de las personas creativas hacia las figuras complejas y asimétricas, y las asocia con factores como la fluidez verbal, independencia de juicio, originalidad y amplitud de interés. Mednick desarrolló una prueba que consiste en 30 ítems, donde se presentan palabras y significados, allí el individuo debe encontrar otras palabras que las relacionen, se mide la capacidad de asociación y flexibilidad. Getzels y Jackson desarrollaron una prueba dividida en 5 partes que permiten medir entre otros, los factores evaluados por Torreance. Wallach & Kogan desarrollaron una prueba que se basa en la interpretación de diferentes objetos donde se buscan semejanzas, diferentes usos, parecidos, significados e interpretaciones. Barron presenta una prueba de tipo gráfico compuesto de cuadrados de distintos colores para que se compongan a partir de ellos mosaicos que reflejen los gustos y la personalidad del individuo.

Tabla 2. síntesis de pruebas de creatividad de diferentes autores.

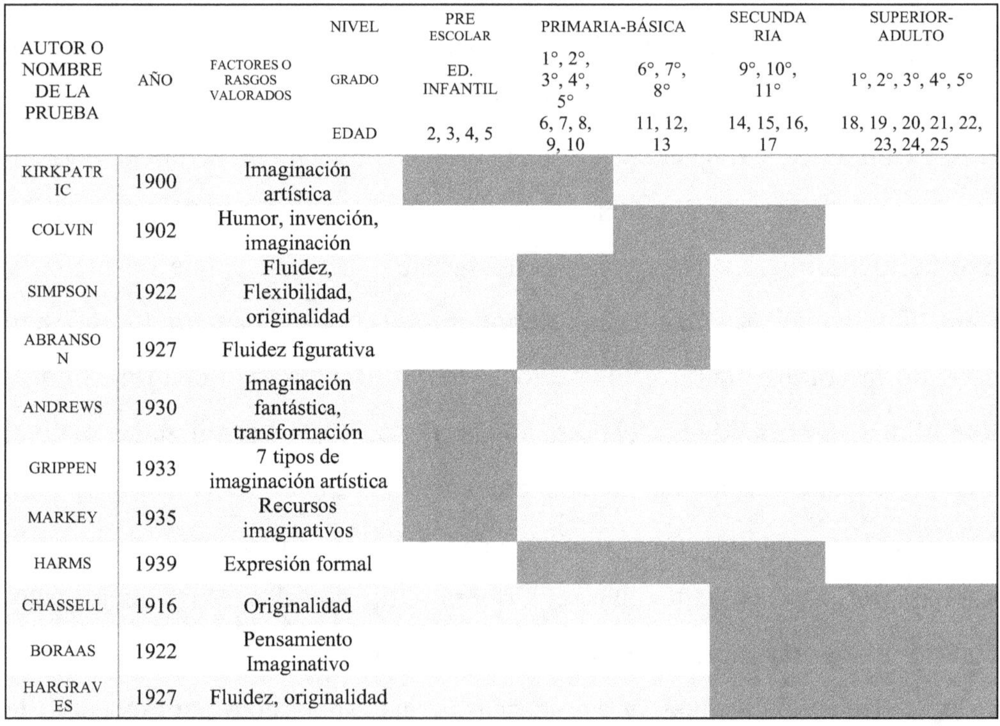

AUTOR O NOMBRE DE LA PRUEBA	AÑO	FACTORES O RASGOS VALORADOS	NIVEL / GRADO / EDAD	PRE ESCOLAR ED. INFANTIL 2, 3, 4, 5	PRIMARIA-BÁSICA 1°, 2°, 3°, 4°, 5° 6, 7, 8, 9, 10	PRIMARIA-BÁSICA 6°, 7°, 8° 11, 12, 13	SECUNDARIA 9°, 10°, 11° 14, 15, 16, 17	SUPERIOR-ADULTO 1°, 2°, 3°, 4°, 5° 18, 19, 20, 21, 22, 23, 24, 25
KIRKPATRIC	1900	Imaginación artística						
COLVIN	1902	Humor, invención, imaginación						
SIMPSON	1922	Fluidez, Flexibilidad, originalidad						
ABRANSON	1927	Fluidez figurativa						
ANDREWS	1930	Imaginación fantástica, transformación						
GRIPPEN	1933	7 tipos de imaginación artística						
MARKEY	1935	Recursos imaginativos						
HARMS	1939	Expresión formal						
CHASSELL	1916	Originalidad						
BORAAS	1922	Pensamiento Imaginativo						
HARGRAVES	1927	Fluidez, originalidad						

AUTOR O NOMBRE DE LA PRUEBA	AÑO	FACTORES O RASGOS VALORADOS	PRE ESCOLAR ED. INFANTIL 2, 3, 4, 5	PRIMARIA-BÁSICA 1°, 2°, 3°, 4°, 5° 6, 7, 8, 9, 10	PRIMARIA-BÁSICA 6°, 7°, 8° 11, 12, 13	SECUNDARIA 9°, 10°, 11° 14, 15, 16, 17	SUPERIOR-ADULTO 1°, 2°, 3°, 4°, 5° 18, 19, 20, 21, 22, 23, 24, 25
GUILFORD	1957	Fluidez, Flexibilidad, originalidad, elaboración, sensibilidad			█	█	█
TORREANCE	1962	Fluidez, Flexibilidad, originalidad, elaboración, invención	█	█	█	█	█
BARRON	1955	Originalidad	█	█	█	█	█
GETZELS-JACSON	1962	Fluidez, flexibilidad, originalidad, elaboración, inventiva	█	█	█	█	█
MEDNICK: R.A.T	1962	Fluidez asociativa		█	█	█	
WALLACH-KOGAN	1965	Fluidez, unicidad		█	█	█	█
P.A.R DE DOLL	1966	Comportamiento creativo	█	█	█	█	
STARKWEATHER	1971	Flexibilidad, originalidad, conformación, riesgo	█	█			
SHACKELTON-BALLEY	1973	Imaginación creativa	█				
B.A.C	1978	Fluidez, flexibilidad, originalidad, elaboración, iniciativa, expresión	█				
TEST CREATIVIDAD PURDUE	1960	Fluidez, flexibilidad	█				█
TEST A-C KOMINSKY	1961	Divergencia					█
R MARIN	1974	Fluidez, flexibilidad, originalidad			█	█	█
TEST C.E M-BELTRAN	1976	Fluidez, flexibilidad		█	█	█	
TEST IMAG AG-75	1975	Fluidez, originalidad, elaboración		█	█	█	
T.C.E. DE POZAR	1976	Fluidez, flexibilidad, elaboración, asociación, rapidez creativa		█	█	█	
TAR Y TDV DE RIVAS	1978	Fluidez, flexibilidad, originalidad		█	█	█	
J.P.C.S. TORRE	1984	Pensamiento divergente			█		

PARTE I: Creatividad, pensamiento, desarrollo y educación

AUTOR O NOMBRE DE LA PRUEBA	AÑO	FACTORES O RASGOS VALORADOS	NIVEL	PRE ESCOLAR	PRIMARIA-BÁSICA		SECUNDARIA	SUPERIOR-ADULTO
			GRADO	ED. INFANTIL	1°, 2°, 3°, 4°, 5°	6°, 7°, 8°	9°, 10°, 11°	1°, 2°, 3°, 4°, 5°
			EDAD	2, 3, 4, 5	6, 7, 8, 9, 10	11, 12, 13	14, 15, 16, 17	18, 19 , 20, 21, 22, 23, 24, 25
M. ORTEGA	1990	Fluidez, flexibilidad, originalidad, inventiva, imaginación						
TAEC - S. TORRE	1991	11 factores						
ECG - S. TORRE	2006	11 factores						

Fuente: elaboración propia, sintetizado de De la torre (1991) y García Espinosa (2019).

Martínez Beltrán (como se menciona en Marín Ibañez, 1998) presenta 5 pruebas para medir fluidez y flexibilidad. Fernández Pózar disecciona la fluidez en verbal, figurativa, ideática y expresiva. Rivas Martínez (como se menciona en Marín Ibañez, 1998) presenta dos pruebas denominadas de asociaciones raras (TAR) y de viñetas (TdV). Ricardo Marín divide su prueba en dos partes, una verbal para medir la flexibilidad verbal y la originalidad, y otra prueba gráfica para medir otros indicadores como la fluidez, capacidad de síntesis y elaboración. García Yagüe (como se menciona en Marín Ibañez, 1998) presenta pruebas enfocadas a detectar la capacidad inventiva del individuo, y otras pruebas de palabras y frases que permiten identificar factores como la originalidad. Saturnino de la Torre (2006) presenta varios test, el primero conocido como el *Test CREA,* el cual es de aplicación verbal; le sigue el *Test de abreacción (TAEC),* que es de tipo gráfico y se puede aplicar tanto en lo individual como grupal y en edades que van desde el preescolar hasta la educación superior; además de los indicadores presentados por Torreance, se agregan otros indicadores como la *abreacción,* fantasía, alcance imaginativo, expansión figurativa, riqueza expresiva, habilidad gráfica, morfología en la imagen y estilo creativo.

Finalmente, De la Torre & Violant (2006) describen la prueba de Evaluación de la Creatividad Gráfica (ECG); es una prueba sencilla, adaptativa, rápida en su realización y rica en indicadores; pretende identificar el potencial creativo de los sujetos en el ámbito de la expresión gráfica. Además de los indicadores clásicos, el ECG agrega el indicador de conectividad como indicador novedoso. Este instrumento permite diagnosticar el grado de ideación con estímulos y respuestas gráficas, se puede aplicar a individuos de cualquier edad y en un amplio rango de situaciones por la sencillez de aplicación y corrección. En la Tabla 3 se sintetizan aspectos importantes de la prueba ECG.

Tabla 3. Aspectos generales de la prueba ECG.

ASPECTO	DESCRIPCIÓN
TIPO DE INSTRUMENTO	Prueba o actividad de estímulo y respuesta gráfica que consiste en realizar una composición o dibujo con nueve trazos situados en un recuadro.
INDICADORES Y ATRIBUTOS EVALUADOS	Resistencia al cierre (Rc), complección figurativa (Cf), originalidad (Or), elaboración (El), conectividad lineal (Cl), conectividad temática (Ct), conectividad expansiva (Ce), fantasía (Fa), habilidad gráfica (Hg), sentido del humor (Sh), fluidez gráfica (Fg).
DESTINATARIOS	Sujetos de cualquier edad y nivel cultural, desde la educación infantil hasta sujetos de la tercera edad y en distintos ámbitos profesionales.
CONDICIONES DE APLICACIÓN	No existen condiciones especiales salvo el hecho de que se presente como actividad lúdica y nunca como una prueba. Puede realizarse de manera individual o colectiva. No existe un tiempo prefijado; al final de la prueba se anota el tiempo empleado desde el inicio hasta que considera terminada la actividad.
MATERIAL	Papel y lápiz o bolígrafo para escribir

VALORACIÓN	Se otorgará un punto por la presencia del factor o rasgo presente en cada una de las figuras o trazos de la prueba. Dado que la prueba contiene nueve figuras o trazos, la puntuación parcial no sobrepasará de nueve para cada indicador.
RECOMENDACIONES	El profesor o guía debe realizar la prueba previamente.

Fuente: elaboración propia, sintetizado de la Torre & Violant (2006).

El instrumento ECG tiene las mismas bases teóricas de la prueba de *Abreacción* (TAEC), la prueba responde a dos supuestos teóricos claramente diferenciados: el perceptivo gestáltico y el socio cognitivo e interactivo (De la torre, 1991), que pretende identificar el potencial creativo de los individuos en la expresión gráfica, por cuanto se trata de una prueba perceptiva de enfoque socio cognitivo, que mira los componentes mentales en estudio, teniendo en cuenta las condiciones y prejuicios culturales del individuo sin olvidar su pensamiento complejo; la prueba se refiere a la integración de componentes emocionales y cognitivos, actitudinales y tensionales (frente a estímulos y respuestas de contenido figurativo), conservando todos los enfoques referidos a la creatividad; por lo tanto, es un instrumento que orienta sobre el potencial creativo de la expresión gráfica (De la Torre & Violant, 2006).

Cuando el individuo se destaca en creatividad gráfica sobre otros de su misma edad y cultura, no se explica únicamente por su habilidad para idear y expresar nuevas formas con contenidos figurativos, existen además influencias medioambientales que inducen predisposiciones, inclinaciones y preferencias en ese ámbito, que facilita en estas personas una mejor capacidad de generar más fácilmente nuevas imágenes cuando se trata de problemas o situaciones visual-espaciales, pictóricas o gráficas. Toda medición de la expresión lleva a evaluar una percepción previa, de ahí que se deba hacer referencia a la percepción gestáltica, a la integración cognitiva y al dominio del código de expresión (De la Torre & Violant, 2006).

De acuerdo con De la Torre & Violant (2006), a continuación, se han sintetizado las principales características de cada uno de los indicadores empleados en la prueba ECG:

- *Abreacción* o Resistencia al cierre (Rc): valora la disposición del individuo para controlar su tensión al cierre de figuras abiertas, retardar el proceso y dar entrada a otras posibilidades de acabado. Los sujetos con mayor flexibilidad perceptiva y actitudinal pueden controlar mejor la tensión al cierre inmediato de aberturas, e imaginar acabados más elaborados y menos habituales. El sujeto con alta puntuación posibilita un potencial para transformar el medio e ir más allá de la información recibida en el período de incubación.

- Complección figurativa (Cf): se evalúa la disposición del individuo para continuar cada una de las figuras con un trazo que le dé sentido nuevo. Quien actúa de esta forma pone de manifiesto una actitud transformadora, pero sin entrar a valorar el alcance de dicha transformación. La complección tiene que ver con la capacidad imaginativa del individuo.

- Originalidad (Or): Se valora la creación de nuevas representaciones, composiciones o simbolismos a partir de los trazos dados. La alta originalidad suele ir acompañada de fantasía, conectividad, alcance, expansión y riqueza expresiva.

- Elaboración (El): En el lenguaje gráfico la elaboración vendrá dada por el conjunto de trazos que contribuyen a hacer que una representación tenga acabados más atractivos, expresivos, estéticos, ricos en sugerencias, simbólicos, etc. Este acabado es el que supone, por lo general, más dedicación y esfuerzo a los creativos. Un individuo con estilo globalizador, intuitivo, no suele cuidar tanto el detalle, en tanto que otro más analítico presta más atención a los elementos secundarios.

- Integración creativa o Conectividad lineal (Cl): es la disposición para conectar elementos próximos, para relacionar físicamente unos estímulos (trazos) con otros. Corresponde al nivel más elemental de conectividad. Está relacionado con la capacidad del individuo para establecer relaciones forzadas, una técnica bastante popular para la generación de ideas.

- Alcance imaginativo o Conectividad temática (Ct): tiene lugar cuando los elementos independientes se integran en una composición en la que aquellos trazos iniciales quedan asumidos como parte de una unidad temática superior. De hecho, se habla de conectividad temática por cuanto el individuo elabora un nuevo tema o composición con significado propio a partir de las figuras dadas en el recuadro. El individuo debe representar imaginativamente la escena que quiere dibujar antes de hacerlo, lo cual tendrá tanto más valor cuanto más se aparte de los estímulos; su valor se ve favorecido, cuando la capacidad de sobrepasar el estímulo va más allá de lo que la estructura gráfica sugiere.

- Expansión Figurativa o Conectividad expansiva (Ce): disposición para romper limitaciones y bloqueos perceptivos, prejuicios, convencionalismos, marcos de referencia, posibilitando con ello encontrar nuevas soluciones a los problemas. El individuo que se mantiene dentro del cuadro imaginario tiende a adaptarse a las normas y convencionalismos. Cuando el individuo integra en su composición los trazos externos del recuadro, no solo de continuarlos, sino de conectarlos con la temática expresada, indica en el individuo expansión, iniciativa y aceptación de riesgo, cierto grado de inconformismo, y tolerancia a lo complejo, unos rasgos propios de las personas creativas.

- Fantasía (Fa): es el poder de la imaginación llevado al mundo irreal, imaginario y fantástico. Es la capacidad de representar lo irreal, de dar forma a seres u objetos inexistentes, transformar imágenes habituales o familiares en extrañas y viceversa. El individuo lleva la originalidad a sus límites extremos entre la pertinencia de la respuesta y la extravagancia. Es un indicador que permite indagar las fronteras del pensamiento divergente.

- Habilidad gráfica (Hg): se adquiere por la ejercitación y la práctica, al igual que otros lenguajes. La expresión de una idea viene determinada por el manejo del contenido y de las técnicas para comunicarlo. El individuo con habilidad y destreza para trasladar a lenguaje gráfico las imágenes mentales, tiende a destacar también en originalidad, conectividad, y fluidez.

- Sentido del humor (Sh): es la facilidad para generar situaciones en las que aparecen simultáneamente unidos dos planos de experiencia o lenguaje. Son asociaciones independientes unidas inesperadamente gracias a la flexibilidad del pensamiento y el uso de relaciones forzadas.

- Fluidez gráfica creativa (Fg): es la facilidad que tienen los individuos para expresar múltiples ideas con un determinado código; el factor que más influye en su evaluación es el tiempo, de ahí que este es empleado en la realización de la prueba teniéndolo en cuenta no como limitador de la tarea sino como variable que permite valorar el coeficiente de fluidez gráfica.

- Puntaje total o Creatividad gráfica (Cg): su valoración se obtiene a partir de los resultados ponderados de los factores anteriores. Su significación y alcance es el descrito en las bases teóricas de la prueba.

Capítulo dos: Pensamiento y desarrollo humano

Ilustración 3. Mapa del pensamiento y desarrollo humano.

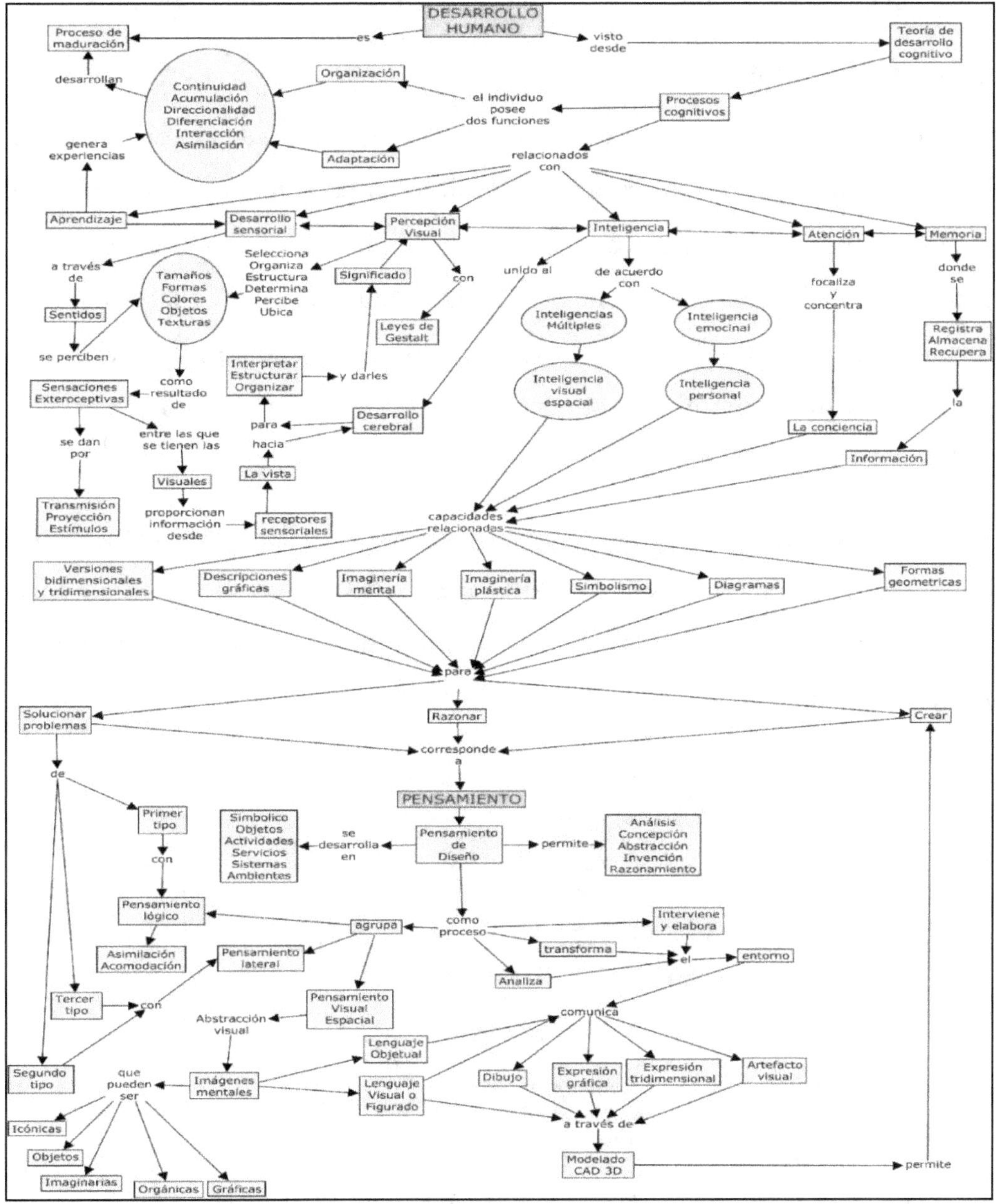

Fuente: elaboración propia.

Con base en las definiciones, conceptos e interacciones de los diferentes autores tratados en el presente capítulo, se presenta en la Ilustración 3 el mapa o la ruta para el lector con los conceptos y posturas recogidas.

Desarrollo cognitivo

Los procesos cognitivos asociados al desarrollo humano y a la inteligencia son las capacidades que el individuo va adquiriendo para conocer y controlar el medio en el que va a vivir. Como se observa en la Ilustración 4, el desarrollo cognitivo implica la potenciación de la inteligencia, la cual está muy relacionada con otras funciones mentales o procesos cognitivos que son la atención, la memoria, el pensamiento y la percepción (Ovejero Hernández, 2013).

Entre los autores destacados en el estudio del pensamiento, Piaget (como se menciona en Ovejero Hernández, 2013) en su teoría cognitivista establece que el desarrollo se produce porque hay una interacción entre el individuo y el medio.

Ilustración 4. Procesos cognitivos y desarrollo humano.

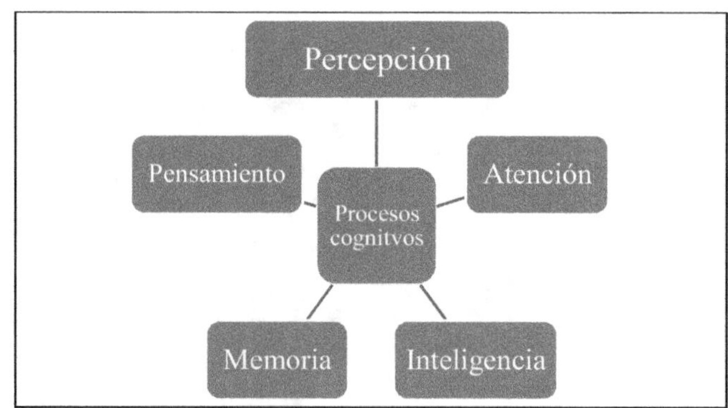

Fuente: elaboración propia, sintetizado de Ovejero Hernández (2013).

Los siguientes numerales van encaminados a abordar los procesos cognitivos asociados al desarrollo del individuo.

Aprendizaje y desarrollo humano

Ovejero Hernández (2013) establece que el desarrollo humano es el proceso de maduración que experimenta la persona en diferentes etapas y aspectos de su vida y está determinado por la continuidad (acontece a lo largo de su vida), acumulación (aprendizajes y experiencias), direccionalidad (desarrollo de habilidades complejas), diferenciación (organizar nuevas habilidades) e interacción (aspectos sociales, cognitivos y físicos que crean interdependencias entre ellos).

Existen varias teorías de cómo se lleva a cabo el aprendizaje y desarrollo del ser humano, autores como Gesell, Lorentz, Parlov, Bandura, Watson, Piaget, Erikson, Vygotsky y Bronfenbrenner (como se mencionan en Ovejero Hernández, 2013) han validado y modificado cada una de las teorías establecidas.

Como se mencionó anteriormente, entre las teorías de desarrollo humano, se encuentra la teoría del desarrollo cognitivista de Piaget (como se menciona en Ovejero Hernández, 2013), la cual explica el desarrollo humano a través de los procesos mentales, cuyas principales características se centran en que el desarrollo posee las funciones de la organización y la adaptación. La organización hace referencia a que los procesos psicológicos están organizados en sistemas coherentes. La adaptación, opera a través de la asimilación de nuevas experiencias a los esquemas existentes o a la acomodación, ajuste o modificación de estos esquemas. Desde esta perspectiva, se realiza la conjetura de que las herramientas TIC desarrollan procesos mentales por adaptación, basado en el hecho de que los sujetos que nunca habían tenido experiencias previas con herramientas computacionales desarrollan habilidades cognitivas como consecuencia.

Desarrollo sensorial

Desde la perspectiva cognitivista de Piaget, el desarrollo sensorial es una de las principales bases para el desarrollo cognitivo, por consiguiente, del conocimiento. A través de los sentidos se perciben los objetos y sus características, colores, formas, tamaño, texturas, etc. Las sensaciones son el resultado de la intervención de los estímulos, que son procesados por componentes fisiológicos conocidos como receptores sensoriales. El proceso de la sensación se lleva a cabo por estimulación (provocación del receptor sensorial), transmisión (de los impulsos desde los nervios aferentes hasta el centro nervioso) y por proyección (donde se reciben y analizan los estímulos en el cerebro).

Percepción

A diferencia de la recepción del estímulo, que sería la simple sensación, la percepción es un proceso mental que interpreta y organiza las sensaciones recibidas a través de los órganos sensoriales, dándoles un significado (Ilustración 5). La percepción es simultánea a la sensación, por lo que en la práctica son inseparables y se convierten en fuente de conocimiento (Ovejero Hernández, 2013).

Ilustración 5. Relación entre estímulo y percepción.

Fuente: elaboración propia, sintetizado de Ovejero Hernández (2013).

Ovejero Hernández (2013) estipula que la percepción se lleva a cabo en tres fases:

- Selección: se perciben aquellos estímulos que más se ajustan a los intereses.

- Organización: se clasifican los estímulos.

- Interpretación: se otorga significado a los estímulos que han sido seleccionados y organizados.

Gracias a la percepción, De Bono (1993) establece que el proceso de la información se realiza en dos fases, una dada por la percepción y la otra por el pensamiento lógico, como se muestra en la Ilustración 6.

La percepción visual (Ilustración 7), tiene como propósito capacitar al individuo para localizar y dilucidar la naturaleza de los objetos en un espacio tridimensional de manera que puedan guiar su conducta por el entorno (Villafañe & Mínguez, 2014).

Ilustración 6. Proceso de la información.

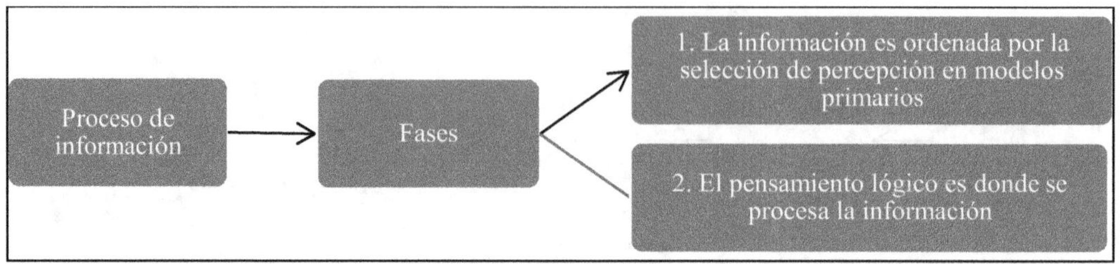

Fuente: elaboración propia, sintetizado de Bono (1993).

Ilustración 7. Esquema de percepción visual en el individuo.

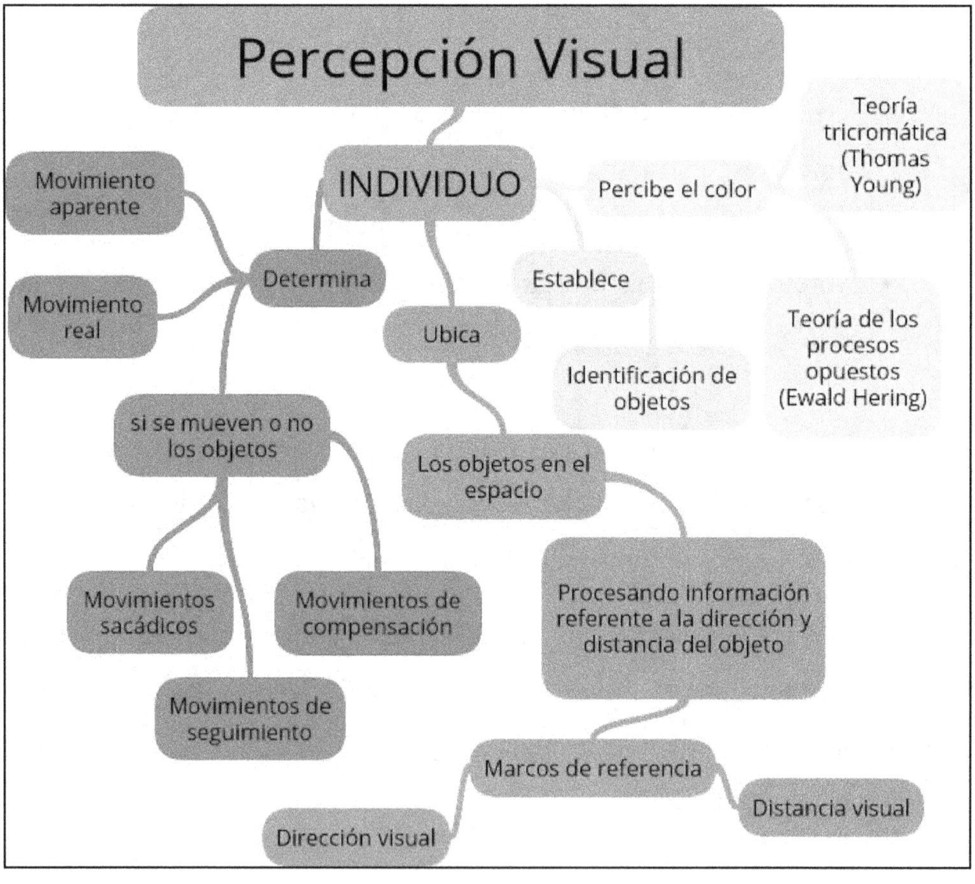

Fuente: elaboración propia, sintetizado de Villafañe & Mínguez (2014).

Otro aspecto importante en la percepción visual es la constancia perspectiva de forma, Wade & Swanston (como se citan en Villafañe & Mínguez, 2014) se refieren a que la forma de un objeto es percibida como constante, aunque cambie el punto de vista desde el que se observa por el individuo. La constancia perspectiva de forma está ligada a la percepción de información relevante respecto a la orientación, la distancia y los desplazamientos de los rasgos espaciales del objeto. En el contexto del modelado CAD 3D, el individuo hace uso de esta constancia perspectiva de forma, puesto que el modelo 3D elaborado, es posible girarlo en diferentes perspectivas, obligando al individuo a tener siempre de referencia la imagen mental del objeto.

Inteligencia

Ovejero Hernández (2013) define la inteligencia como la capacidad que posee el ser humano para comprender, asimilar, aprender información y usar este conocimiento para resolver problemas y facilitar su adaptación. Para Piaget (como se menciona en Rodriguez B., 2009), la inteligencia se desarrolla mediante la asimilación de la realidad y la acomodación a dicha realidad (descritos en el apartado *Aprendizaje y desarrollo humano*). La principal característica de la inteligencia es la adaptación.

En la teoría de las inteligencias múltiples, Gardner (Como se menciona en Ovejero Hernández, 2013) establece que existen varios tipos de inteligencias distintas e independientes, cada una de ellas se desarrolla de un modo concreto y particular, en la interacción con el medio ambiente y la cultura; las inteligencias múltiples son:

- Inteligencia lingüística.
- Inteligencia visual espacial.
- Inteligencia lógico-matemática
- Inteligencia cinestésica-corporal.
- Inteligencia musical.
- Inteligencia intrapersonal.
- Inteligencia naturalista.

Claramente está dentro de la teoría propuesta por Gardner (2001) una comprensión intuitiva de las capacidades para el pensamiento visual espacial, asociada a la imaginería visual o espacial, y por ende similar a diferentes actividades que se desarrollan con herramientas TIC. Los problemas que parecen requerir las capacidades visual-espaciales se pueden resolver en forma verbal o lógico-matemática, se observa cuando investigadores de la inteligencia proponen ejercicios como:

- Escoger una figura idéntica a una forma u objeto entre un grupo de otras formas similares.
- Reconocer un mismo objeto desde un ángulo distinto o perspectiva, cuando el observador o el objeto (o ambos) se han movido en el espacio.
- Reconocer un mismo objeto entre un grupo de otras formas similares, aun cuando el objeto se encuentra girado o rotado respecto la muestra de referencia o su imagen mental.

Las habilidades espaciales no son idénticas en las personas, por ejemplo: un individuo puede ser agudo en la percepción visual, pero tiene poca habilidad para dibujar, imaginar o transformar un mundo ausente. La inteligencia visual espacial está íntimamente relacionada con la observación personal del mundo visual y crece en forma directa a ésta (Gardner, Estructuras de la Mente, 1993).

La inteligencia visual espacial comprende una cantidad de capacidades relacionadas de manera informal, las cuales se pueden producir en diversidad de campos, entre los que se menciona el trabajo con descripciones gráficas, versiones bidimensionales y tridimensionales de escenas del mundo real, símbolos, mapas, diagramas, o formas geométricas (Gardner, Estructuras de la Mente, 1993).

La atención

Ovejero Hernández (2013) define la atención como una actividad que puede ser voluntaria o involuntaria; es el proceso cognitivo a través del cual se focaliza y concentra la conciencia sobre un objeto o problema que se desea conocer o resolver (Ilustración 8).

Ilustración 8. Factores que intervienen en la atención.

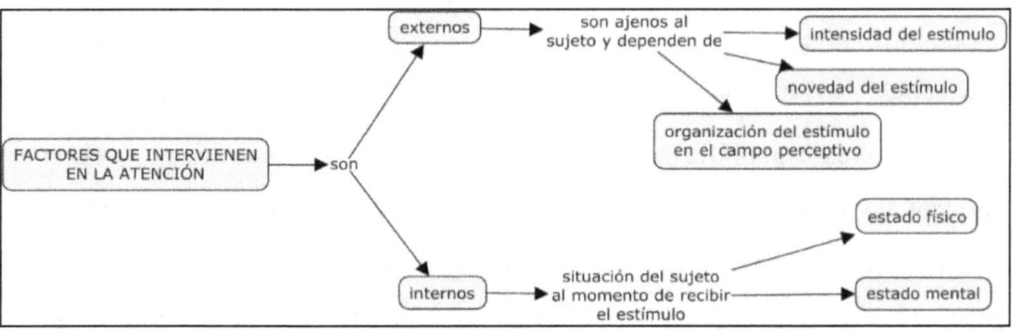

Fuente: elaboración propia, sintetizado de Ovejero Hernández (2013).

Memoria

De Bono (1993) establece que la memoria es un dispositivo de registro que puede ser más o menos permanente o solo transitorio. Es un proceso cognitivo constituido por una serie de sistemas complejos e interconectados (Ovejero Hernández, 2013), cuyo propósito es el registro, almacenamiento y recuperación de la información.

El acto memorístico está compuesto de tres etapas seriadas que consisten en:

- Registro: transformación de la información para ser manejada con posterioridad.
- Almacenamiento: proceso por el que se retiene la información.
- Recuperación: proceso en el que se accede a la información almacenada en la memoria.

El pensamiento

El pensamiento tiene como objetivo la acumulación de información y su desarrollo en la forma más favorable posible (De Bono, 1993). Armheim (1986) expone que "el pensamiento solo puede referirse a los objetos y los acontecimientos si éstos son asequibles de alguna manera". Ovejero Hernández (2013) establece que el pensamiento es un proceso cognitivo donde la persona es capaz de analizar, comprender, coordinar ideas, imágenes, conceptos, y símbolos para solucionar problemas, razonar y crear. Es considerado un proceso cognitivo superior y está estrechamente relacionado con otros procesos cognitivos como la memoria, la percepción, la atención y el lenguaje (instrumento que utiliza el pensamiento para ordenar y transmitir esas imágenes, conceptos y símbolos). El pensamiento engloba los procesos de razonamiento, creatividad y resolución de problemas.

El pensamiento lógico matemático

Piaget (como se menciona en Rodriguez B., 2009) indica que las estructuras organizadas (esquemas mentales) son un producto de la inteligencia, y son indispensables para su formación. Son operaciones interiorizadas en la mente, a su vez reversibles, que tienen entonces una naturaleza lógica y matemática. Una operación es una acción mental que tiene implicaciones y resultados en el comportamiento observable del individuo. Las estructuras cognitivas son el resultado de procesos genéticos, en los que se construyen procesos de intercambio. De Bono (1993) establece que el pensamiento lógico permite llegar a una conclusión a través de una serie de fases (por medio de modelos).

El concepto de pensamiento lógico matemático desde la perspectiva de Piaget (como se menciona en Rodriguez B., 2009) explica que el proceso de construcción de estructuras internas o imágenes mentales se lleva a cabo por tres etapas: clasificación (unir objetos por semejanzas), seriación (establecer relaciones y ordenar los objetos) y número (conservación, cantidad, y equivalencia).

El pensamiento lateral

Este tipo de pensamiento se incorpora como potenciador del pensamiento lógico- matemático, propuesto por Edward de Bono (1993), establece dos grandes vertientes: el pensamiento lógico y el pensamiento lateral; este último tiene como objetivo el cambio de los modelos tradicionales, y es un conjunto de procesos destinados al uso de información, de modo que genere ideas mediante una reestructuración perspicaz de los conceptos ya existentes en la mente (modelos). Aumenta la eficacia del pensamiento lógico, por lo que ambos se potencializan en conjunto y no por separado. La mente como sistema elaborador de modelos de información, crea modelos para su posterior identificación y uso. La configuración de esos modelos se basa en el comportamiento particular de las células nerviosas del cerebro, del cómo la organización de la información en la mente humana es incorporada automáticamente a los modelos ya establecidos, o bien, forma nuevos modelos.

El pensamiento visual espacial

El pensamiento visual fue acuñado por Armheim (como se cita en Gardner, Estructuras de la mente, la teoría de las inteligencias múltiples, 2001), afirma que las operaciones más importantes del pensamiento provienen en forma directa de la percepción del mundo del individuo, en que la visión sirve como sistema sensorial por excelencia que apuntala y constituye los procesos cognitivos. K. Lieu & Sorby (2011) explican que corresponde al proceso de expandir las ideas creativas utilizando pistas visuales y retroalimentación, estas pueden tomar formas de bosquejos o modelos de computador. Se puede considerar este proceso como un bucle circular de retroalimentación (Ilustración 9).

Armheim (como se menciona en Villafañe & Mínguez, 2014), se refiere también al pensamiento visual en el ámbito de la relación y procesamiento de las distintas instancias que intervienen en el proceso perceptivo, la memoria y los procesos de la conducta que afectan el resultado perceptivo. Para llevar a cabo el pensamiento visual, se utiliza el concepto de abstracción de una idea o concepto (Ilustración 10).

Ilustración 9. Modelo del pensamiento visual.

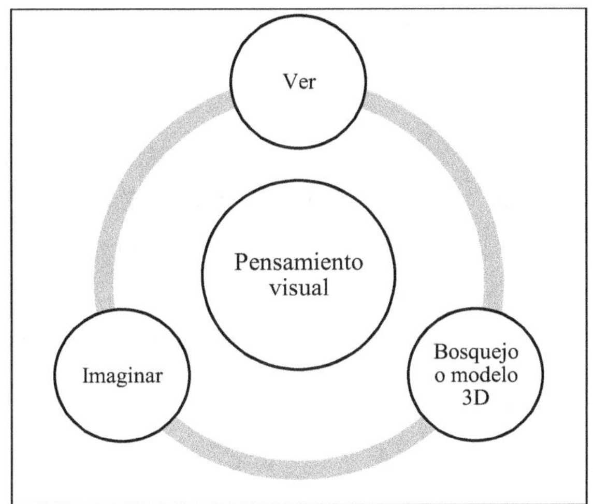

Fuente: K. Lieu & Sorby (2011).

Ilustración 10. Abstracción visual.

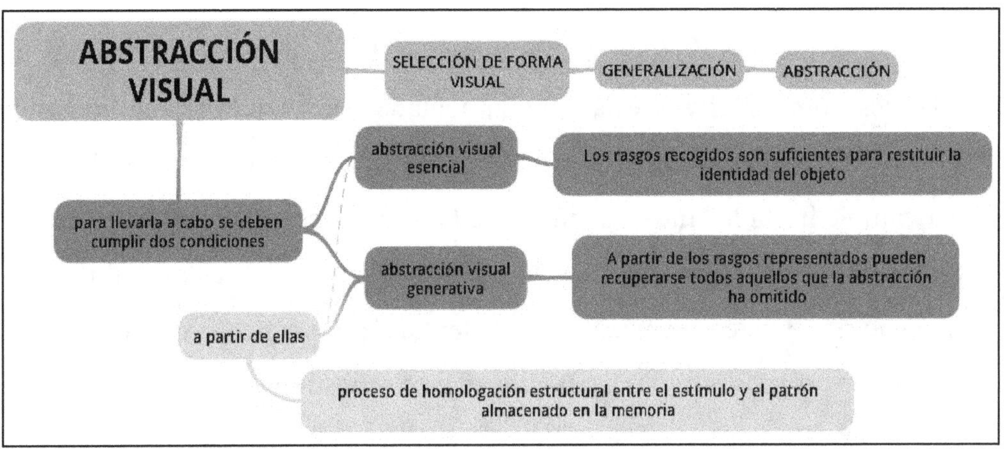

Fuente: elaboración propia, sintetizado de Villafañe & Mínguez (2014).

El pensamiento de diseño

Jiménez Narváez (1998) indica que el pensamiento de diseño requiere de otros procesos de pensamiento que se conjugan en un proceso holístico, por esta razón se incluye este tipo de pensamiento como una forma de potenciar el pensamiento visual. El pensamiento de diseño es un término tomado del inglés

Design Thinking, dado por Perkins (como se menciona en Jiménez Narváez, 1998), quien asocia la enseñanza de la creatividad al desarrollo del pensamiento inventivo y utiliza el diseño como una herramienta para lograr el objetivo de llevar la creatividad al aula. Buchaman (como se cita en Jiménez Narváez, 1998) establece que en el pensamiento de diseño existen cuatro áreas de trabajo:

- Diseño de lo simbólico y de la comunicación visual.

- Diseño de objetos materiales.

- Diseño de actividades y servicios organizados.

- Diseño de sistemas complejos o de los ambientes para vivir, trabajar, jugar y aprender.

Como contexto de las herramientas TIC en el área del diseño, las habilidades comunicativas están fundamentadas en el dibujo, la expresión gráfica y la tridimensional. El uso de técnicas de comunicación, desde el boceto simple hasta los métodos multimedia son necesarios para llevar a cabo una idea (Jimenez Narvaez, 1998). Para llevar a cabo estas habilidades comunicativas, existen técnicas de representación de acuerdo con la fase del desarrollo de un proyecto de diseño, las que se muestran en la Ilustración 11.

El diseñador es un pensador tridimensional que encuentra su principal campo de desempeño en la designación espacial; razón por la cual encara un gran reto, ya que los conceptos se deben presentar con diferentes calidades físicas, significativas, morfológicas, productivas y de mercado que respondan a la demanda cultural de variedad. Entonces, la creatividad se fundamenta como una exigencia constante en los proyectos y conduce a la necesidad de comprender cómo funciona y cómo se agota el pensamiento creativo.

Ilustración 11. Técnicas de representación del diseño.

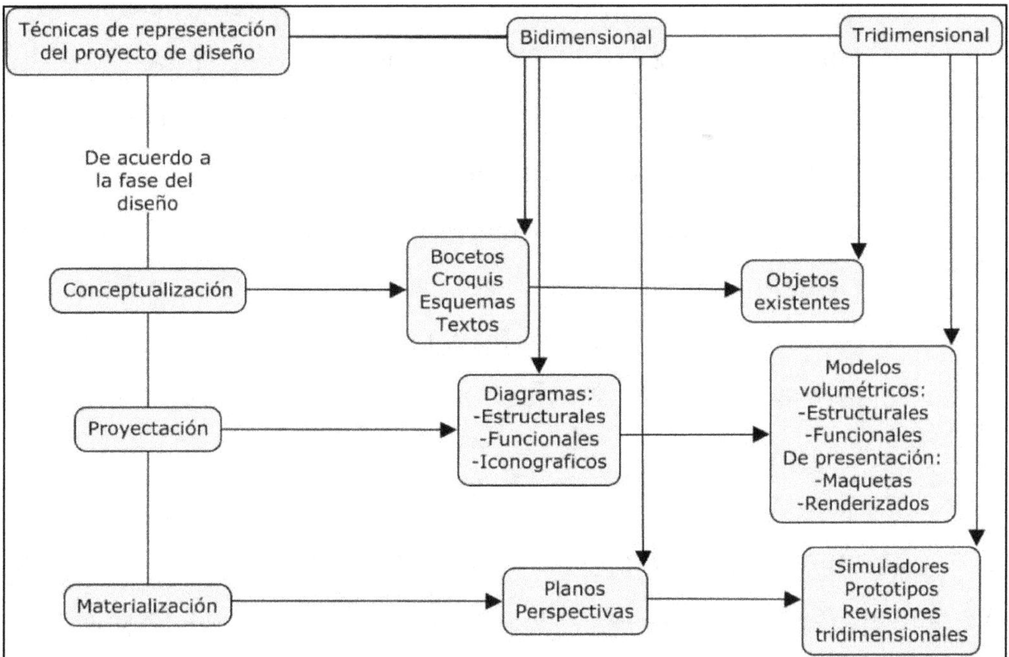

Fuente: elaboración propia, sintetizado de Jiménez Narváez (1998).

Resolución de problemas

Los problemas obligan a la búsqueda de soluciones; se podría definir el problema como la diferencia entre lo que se tiene y lo que se quiere tener (De Bono, 1993).

De Bono (1993) establece que el pensamiento lateral aborda la solución de problemas clasificándolos en tres tipos:

- Problemas de primer tipo: requiere para su solución más información o técnicas más eficaces en el manejo de la información.

- Problemas de segundo tipo: solo requieren reordenación de la información disponible o una reestructuración perspicaz.

- Problemas de tercer tipo: cuando aparentemente hay una ausencia del problema, o la situación en su forma actual no exige de forma imperativa una optimización. Sus cualidades moderadas actuales bloquean la visión de sus cualidades óptimas posibles. El pensamiento lateral puede reconocer la posibilidad de perfeccionamiento y definir esta posibilidad como un problema concreto.

El primer tipo de problemas se puede solucionar a través del pensamiento lógico, el segundo y tercero requieren técnicas de pensamiento lateral.

Garofalo & Lester (como se cita en Solaz Portolés & Sanjosé López, 2008) indican que la resolución de problemas constituye una destreza de alto nivel que incluye procesos de visualización, asociación, abstracción, comprensión, manipulación, razonamiento, síntesis y generalización, y requieren ser dirigidos y coordinados.

Imágenes mentales

Cuando se describió el pensamiento visual, se observó que el primer paso de la abstracción visual, en sí mismo, es una abstracción previa que hace el individuo de un patrón, respecto al objeto estímulo, y que este patrón corresponde a una imagen mental.

Las imágenes mentales son réplicas de los objetos físicos que en cierta manera son reemplazados en la mente, sin embargo, es improbable que el tipo de imagen mental necesaria para el pensamiento sea una réplica completa, colorida y fiel de alguna escena visible; pero como ya se ha mencionado en la abstracción visual, la memoria puede extraer las cosas de su contexto y mostrarlas aisladas (Armheim, 1986).

Las imágenes mentales son útiles cuando se intenta resolver problemas que requieren de información espacial: distribuir espacios y localizar objetos concretos en lugares precisos. Manuel de Vega (como se cita en Armheim, 1986) señala que la mayoría de las personas manifiestan tener imágenes mentales, especialmente de tipo visual. Según Kosslyn (como se cita en Armheim, 1986), las personas piensan también con las imágenes sobre todo cuando los objetos no están presentes.

Acaso (2009) define la imagen como la unidad de representación realizada mediante el lenguaje visual, a través del signo visual, que es cualquier cosa que representa a otra a través del lenguaje visual.

Acaso (2009) establece que la imagen no es el único término que se utiliza para las representaciones en las que se usa el lenguaje visual, algunos otros son:

- Información gráfica.
- Producto visual.
- Desarrollo plástico.

- Texto icónico.
- Artefacto visual.
- Representación visual.

Lenguajes visuales

Helena Beristain (como se cita en Valdés de León, 2011) brinda aproximaciones al lenguaje, tales como la capacidad específicamente humana de simbolizar, o la capacidad que tiene el sujeto de "representar lo real mediante un signo y comprender ese signo como representante de lo real", o la capacidad de poder representar la realidad a otros.

En el lenguaje verbal se prioriza al agente activo del proceso comunicacional, es decir, el que habla. En los lenguajes visuales, por el contrario, se prioriza al agente pasivo. Los lenguajes verbales y visuales, como proceso de la construcción, circulación y percepción de objetos e imágenes, por medio del sentido de la vista y la comunicación, como práctica de intercambio simbólico, producto y condición de la vida a sociedad, configuran un complejo sistema de relaciones mutuas.

Los lenguajes visuales pueden ser organizados de acuerdo con la materialidad que los conforme como se muestra en la Ilustración 12.

Desde los orígenes de la sociedad y la cultura, el hombre ha recurrido a la escritura y la representación analógica de objetos y procesos, en particular en la etapa del proyecto de nuevos artefactos. Se ha requerido entonces de representaciones visuales como bocetos, planos, plantas, vistas, cortes, y perspectivas, a partir de los cuales los trabajadores materializaban los proyectos; algunas evidencias de ello se muestran en los numerosos bocetos de mecanismos y artefactos realizados por Leonardo da Vinci, y por muchos fabricantes durante la Revolución Industrial, hechos que permitieron inicialmente el desarrollo empírico y luego formal del dibujo técnico y del diseño industrial (Valdés de León, 2011).

Ilustración 12. Lenguajes visuales de acuerdo con su materialidad.

Fuente: elaboración propia, sintetizado de Valdés de León (2011).

En la actualidad se habla de pictogramas e infografías, y de tecnologías digitales aplicadas a especialidades de diseño mediante el auxilio de programas específicos de diseño asistido, que facilitan la tarea y proporcionan un ahorro significativo de tiempo para la generación y comunicación visual. El dibujo técnico en sus múltiples aplicaciones, la ilustración realizada en técnicas manuales, digitales y mixtas, son lenguajes visuales icónicos con propósitos informacionales o comerciales, y sin pretensiones artísticas (Valdés de León, 2011).

Lenguajes objetuales

El objeto es comunicación, es un vehículo portador de signos de mensajes, de expresiones sensibles o metafóricas, de cultura. De este modo existe el objeto-comunicación, y que claramente para diseñarse o proyectarse deberá ser considerado como un discurso, y, por lo tanto, necesariamente siendo un vehículo tridimensional para integrar e interactuar ideas (Pineda Cruz, Sanchez Valencia, & Amarilles Ospina, 1998).

El mensaje de los objetos es un grupo finito y ordenado de elementos de percepción (sistema morfológico) extraídos de un repertorio y ensamblados en un sistema estructural (cultura/identificación sociocultural) (Pineda Cruz, Sanchez Valencia, & Amarilles Ospina, 1998).

A diferencia de la comunicación hablada o escrita, que se presenta lineal o algorítmicamente, la configuración de un objeto material está en capacidad de transmitir mensajes constante, coherente e independientemente de un emisor y receptor. (Pineda Cruz, Sanchez Valencia, & Amarilles Ospina, 1998).

El proceso de información por medio de los objetos es transmitido a partir de los recursos perceptivos del receptor (visual, táctil, auditivo, y olfativo), todos estos recursos y sus estructuras configuracionales correspondientes, pueden mantenerse estables, estáticas y capaces de distribuir energía comunicadora, independientemente del emisor y del receptor, en cualquier momento y cualquier punto de su propia estructura (Pineda Cruz, Sanchez Valencia, & Amarilles Ospina, 1998).

Herramientas TIC en el contexto del Diseño

Enfoques del diseño

El diseño se aborda en dos enfoques: como tarea consiste en pensar y describir una estructura de características deseadas o funciones, como proceso consiste en transformar información de las condiciones, necesidades y requisitos que corresponden a la descripción de una estructura (Chaur Bernal, 2004).

El diseño como proceso se puede abordar desde su forma de representarlo (modelos descriptivos), realizarlo (modelos prescriptivos), entenderlo (modelos cognitivos) y de automatizarlo (modelos computacionales). A su vez, el proceso de diseño se subdivide en dos clases de acciones mentales, análisis y síntesis. En las actividades de un diseñador existen muchas interacciones, entre ellas: solución de problemas, toma de decisiones, creatividad, búsqueda heurística, evolución, aprendizaje, negociación, conocimiento, optimización, organización, y satisfacción de necesidades. (Chaur Bernal, 2004).

Para De Bono (1993) existe una estrecha relación entre el diseño y el pensamiento lateral, ya que el diseño constituye un medio excelente para la práctica del pensamiento lateral, constantemente hay que concebir nuevos enfoques y se intentan siempre reestructurar conceptos. El objetivo principal de los ejercicios de diseño es estimular el flujo de ideas. El segundo objetivo es acostumbrar la mente a escrudiñar más allá de lo superficial, en búsqueda de una solución mejor. Y el tercero, liberar la mente del efecto dominante de los modelos arquetípicos.

Cuando los individuos adoptan todos los objetivos de un diseño desde un comienzo, el proceso se vuelve lento, y se rechazan ideas desde el comienzo. En cambio, cuando intentan solo cumplir con el objetivo general o principal de un diseño, éstos progresan con rapidez, ya que luego intentan conciliar la solución con los demás objetivos. Este último método es más recomendado (De Bono, 1993).

De Bono (1993) establece las relaciones entre el diseño y el pensamiento lateral, dichas relaciones se sintetizan en la Ilustración 13.

Ilustración 13. Diseño y pensamiento lateral.

Fuente: elaboración propia, sintetizado de Bono (1993).

Herramientas computacionales CAD y el diseño conceptual creativo.
Hoy en día existen programas de computación dirigidos a diferentes tipos de usuarios y orientados hacia todo tipo de usos (software de sistema, software de programación y software de aplicación); una de las herramientas en el software de aplicación orientado a la ingeniería de programas, se da en el ámbito del diseño y el proyecto, y se conoce con el término *Diseño Asistido por Computador* CAD (Company Calleja & Gonzáles Lluch, 2013).

Dada la naturaleza temática de las herramientas TIC en el contexto del diseño, el uso de los computadores como herramientas de apoyo para el diseño conceptual creativo se ha enfocado hacia los modeladores CAD 3D. Existe entonces una taxonomía de los diferentes enfoques para el desarrollo de herramientas de apoyo al diseño conceptual presentado por O'Sullivan (como se cita en Chaur Bernal, 2004), quien las clasifica en seis categorías, de las cuales se selecciona el enfoque basado en modelos geométricos. Este enfoque busca hacer representaciones geométricas de los detalles críticos del producto, permitiendo rapidez en la presentación de las ideas y posibilidad de representar funciones (Chaur Bernal, 2004).

Para Chih-Fu & Jerz (como se citan en Aguilar, López, De las Heras, & Gámez, 2014), una vía para introducir nuevos métodos de trabajo que faciliten y mejoren la enseñanza de las asignaturas gráficas, está en el uso del CAD 3D, el cual pone de manifiesto el desarrollo de la concepción espacial y sistemas de representación como lenguaje universal, así como el aumento de la productividad. Para Saorin (como se cita en Aguilar, López, De las Heras, & Gámez, 2014) existe un consenso acerca de la utilización del modelado sólido (3D) como herramienta de trabajo en Expresión Gráfica, el alumno puede seguir visualmente la delineación paso a paso prácticamente igual a como se hace en papel; además, se subsana la carencia física que tiene la pizarra al ser un medio bidimensional, de la imposibilidad de mostrar e interactuar con un objeto 3D tal como se aprecia en la realidad (Aguilar, López, De las Heras, & Gámez, 2014).

Los modeladores CAD 3D brindan soporte en el área de diseño de un producto, permitiendo detallar información como el dibujo de piezas, ensamblajes, dimensiones, formas, análisis de propiedades físicas, elementos finitos, etc. Consiguen una importante reducción de tiempo y dinero del proceso de diseño, respecto a los métodos basados en instrumentos tradicionales o en aplicaciones CAD 2D (Company Calleja & Gonzáles Lluch, 2013).

Usar CAD 3D requiere un aprendizaje, ya que se debe modelar en vez de dibujar. Para producir modelos virtuales se debe usar el lenguaje gráfico tradicional en los ámbitos de diseño, el cual está condicionado por las herramientas y los canales de los que se sirve, por lo que una persona que está aprendiendo a usar el lenguaje gráfico debe acomodar dicho aprendizaje en función de la herramienta CAD 3D (Company Calleja & Gonzáles Lluch, 2013).

K. Lieu & Sorby (2011) establecen que el modelado CAD 3D es un método eficiente que permite obtener modelos sólidos tridimensionales que son el foco de muchas pruebas y análisis en el proceso de diseño. Existen procesos de pensamiento que se utilizan con el uso de herramientas CAD 3D, entre ellos el pensamiento visual, la generación súbita de ideas y la generación de escritura.

Capítulo tres: Hacia la educación en habilidades creativas

Con base en las definiciones, conceptos e interacciones de los diferentes autores tratados en el presente capítulo, se presenta en la Ilustración 14 el mapa o la ruta para el lector con los conceptos y posturas recogidas.

En el panorama investigativo sobre educación, se articula el aspecto crucial de conocimiento, el desarrollo de la inteligencia y el saber e integrado a este, la creatividad como elaboración mental del pensamiento y desarrollo, ligado a procesos cognitivos, las habilidades de pensamiento y la capacidad de resolución de problemas (Gonzales Quitián, 1997). De acuerdo con Marín (como se cita en Gonzales Quitián, 1997), los centros de educación tienen el compromiso de formar individuos responsables consigo mismo y comprometidos con la sociedad y su devenir, involucrando el fortalecimiento y las posibilidades de desarrollo de la creatividad.

Para Parnos, Marin, de Prado, y de la Torre (como se citan en Gonzales Quitián, 1997), la creatividad puede ser desarrollada y fortalecida mediante un proceso creativo, vivencial y reflexivo. La creatividad debe ser el propósito, responsabilidad y compromiso de la educación teniendo en cuenta el objetivo configurador, formativo y de crecimiento humano de ésta.

Ilustración 14. Mapa de educación y creatividad.

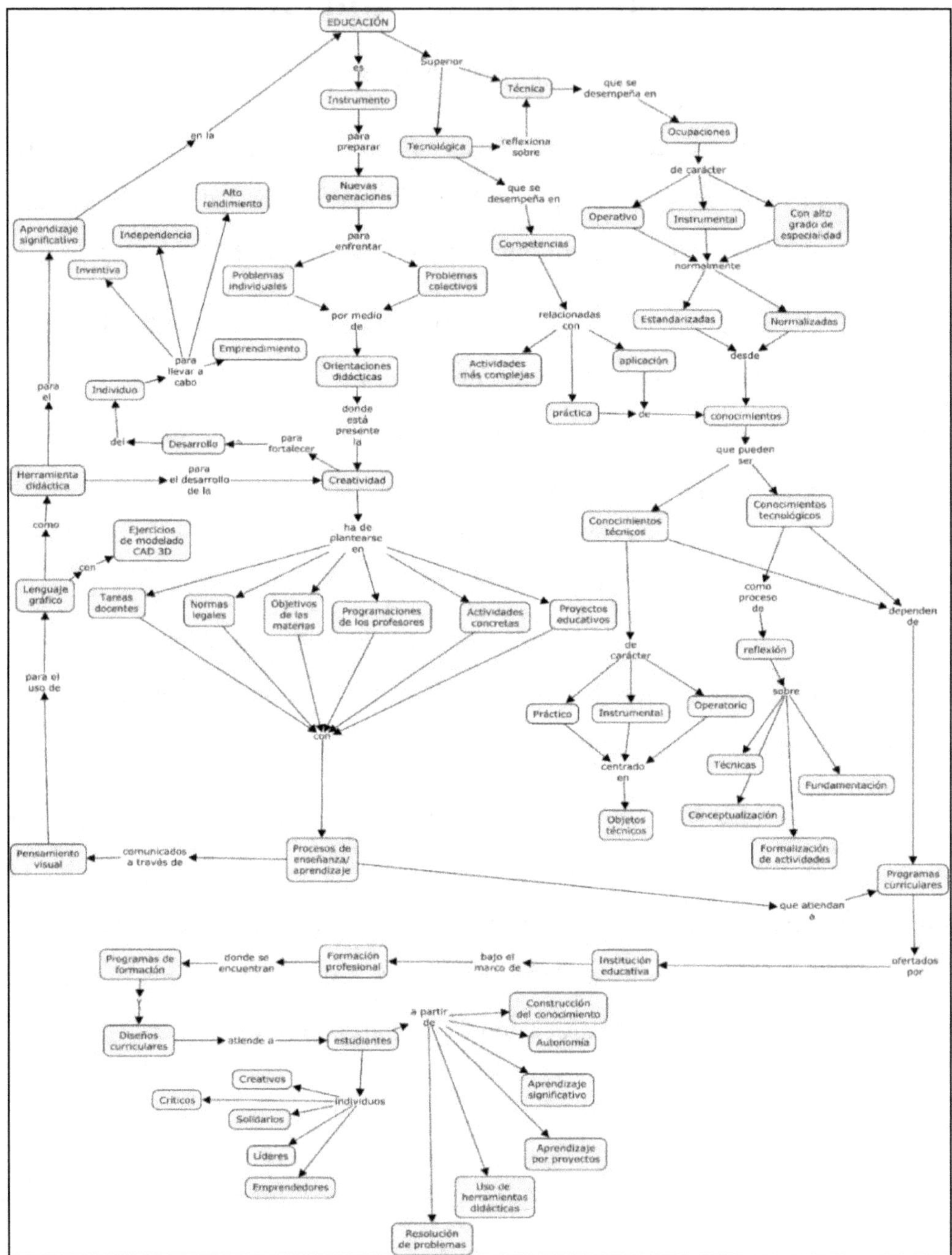

Fuente: elaboración propia.

En los procesos de enseñanza-aprendizaje, es necesario comunicar la relación interactiva entre facilitador, sujeto y objeto; el pensamiento visual mediante el uso del lenguaje gráfico integra en su naturaleza imágenes mentales y la activación funcional interhemisférica, y procesos de estructuración confrontacionales, adaptativos y creativos, los cuales se constituyen en una poderosa herramienta didáctica para el logro de aprendizaje significativo en la educación. Uno de los aspectos relevantes de la pedagogía, se refiere a las formas y didácticas de enseñanza que el docente utiliza para facilitar el aprendizaje, íntimamente entrelazado con los estilos cognitivos del alumno (Gonzales Quitián, 1997).

Educación para la creatividad en el entorno profesional

Desde la perspectiva de la educación, Torre & Violant (2006) hacen referencia a la capacidad creativa de los estudiantes como un aspecto de demanda social y educativa, además "la riqueza de un país comienza a valorarse en términos del potencial innovador, y la creatividad ha pasado de ser un atributo individual, a un bien social".

Los diseños curriculares de los programas de formación académicos deben constar de una concepción integrada, basada en los aportes de las ciencias sistémicas y ciencias cognitivas, cuyos campos interdisciplinarios proporcionen principios, fundamentos y características para replantear el conocimiento pedagógico frente al aprendizaje, el diseño y organización de la enseñanza. De acuerdo con la escuela constructivista, el aprendizaje es un proceso autorregulado de resolución de conflictos cognitivos, que aparecen en el estudiante al enfrentarse al ejercicio de resolución de problemas (Torre & Violant, 2006).

PARTE I: Creatividad, pensamiento, desarrollo y educación

Desde el análisis de la función docente se diferencian tres tipos de enfoques: artesanal, técnico y profesional. El enfoque profesional es el que más se ha dedicado a impulsar la innovación, el mejoramiento de las prácticas pedagógicas, permitiendo la reflexión, el autodesarrollo profesional y la estimulación de la capacidad creativa; es el docente quien respeta el derecho del estudiante a ejercer su estilo cognitivo, procura que los estudiantes desarrollen sus habilidades de pensamiento, en la tarea de comprender y transformar la realidad profesional de que se trate, de procurar que los estudiantes salgan del aula con más preguntas que respuestas en el tema de estudio, y que indaguen en lugar de memorizar y repetir (Torre & Violant, 2006).

Torre & Violant (2006) establecen estudios que demuestran el uso de estrategias para potenciar la creatividad en los contenidos curriculares tales como: lluvia de ideas, técnicas de pensamiento visual, diálogo analógico, metáforas, la interrogación, lectura creativa, solución de problemas, síntesis creativa, análisis morfológico, y pregunta creativa, cada uno de ellos presenta evidencias de mejoramiento en los procesos de comprensión, análisis, síntesis, elaboración, originalidad, redefinición, inventiva, fluidez, inferencias, entre otros.

La aplicación de inventarios o cuestionarios que diagnostican el talento creativo antes y después del trabajo innovador, evidencian cambios significativos en los individuos especialmente en el mejoramiento de rasgos como imaginación, independencia e inventiva, además del mejoramiento en el rendimiento de las asignaturas. La difusión y utilización de las técnicas creativas, puede ser un aporte valioso para mejorar aspectos que inciden en la calidad del aprendizaje de los estudiantes (Torre & Violant, 2006).

60

Para Torre & Violant (2006) "no es posible el desarrollo de las capacidades creativas cuando hay un ambiente coercitivo; el ambiente es fundamental para el desarrollo de una personalidad creativa"; también los autores aseveran que "corresponde a los docentes crear un ambiente que fomente las buenas relaciones, no solo del alumno con el educador, sino también entre los propios alumnos.

El docente debe valorar las capacidades de cada alumno, debe fomentar la originalidad, la inventiva, la curiosidad, la investigación, la iniciativa y la percepción sensorial, la capacidad de análisis y síntesis, la elaboración... entre otras. (Torre & Violant, 2006).

Educación técnica de las TIC para el desarrollo de la creatividad

La educación técnica y tecnológica es uno de los fundamentos esenciales para el desarrollo de las estructuras productivas y la transformación de las estructuras sociales y culturales; esta última se logra con una articulación entre educación, trabajo, y cultura empresarial, de esta manera se dinamiza el aprendizaje asocial para la innovación, la creatividad y la formación integral de la persona (Instituto colombiano para el fomento de la educación superior ICFES, 1998). Las tendencias que presenta el mundo contemporáneo exigen un cambio en los paradigmas educativos para poder participar creativamente en la sociedad del conocimiento, en la cual los procesos técnico-productivos y los productos obtenidos, tienen un mayor valor agregado generado por el conocimiento incorporado en ellos.

Partiendo de la idea de renovar la educación, de superar sus diferencias e innovar los paradigmas educativos, las posibilidades de progreso económico y social dependen fundamentalmente de la capacidad social, científica y tecnológica interna de la población, como condición indispensable para la apropiación creativa del conocimiento, la cual debe adaptarse a la realidad nacional, produciendo efectos con visibles evidencias, reconocidas socialmente y que se reproduzcan científicamente. Este desarrollo científico, tecnológico y social requieren, de primera instancia, la creación de un conocimiento tecnológico y la formación de una cultura técnica, fundamentada en el desarrollo de la creatividad, a partir de la investigación, la experimentación, la resolución de problemas, la adaptación y adecuación de nuevas tecnologías, así como la reflexión sobre las actividades técnico-productivas y socio-culturales de los diferentes sectores y subsectores de la actividad productiva nacional. El pensamiento científico difiere del tecnológico en que este último requiere objetivos prácticos, capacidad de transformación de la realidad, lo que requiere un método creativo de aplicación de la ciencia a la solución de problemas específicos. El conocimiento tecnológico es el resultado de un proceso de reflexión sobre las técnicas, sobre el saber hacer, así como sobre la fundamentación, conceptualización y la formalización de actividades técnico-productivas. Por otra parte, la técnica precede lógicamente a la tecnología, ya que el individuo, quien en relación práctica y directa con los objetos va adquiriendo una destreza, un conocimiento del material y de las posibilidades de transformarlo, según sus características y la finalidad que se propone. Entre las exigencias del conocimiento tecnológico, se encuentran la formación para la creación, lo cual requiere de gran capacidad de abstracción, pensamiento, validación y aplicación de los saberes a diferentes situaciones problemáticas, la formación para el trabajo en equipo y la apropiación colectiva del conocimiento tecnológico. Estas exigencias implican la renovación e innovación de los programas curriculares para la formación técnica y tecnológica, a partir de competencias básicas como la creatividad, habilidades comunicativas, pensamiento crítico y analítico, resolución de problemas, toma de decisiones. Dichas competencias básicas, se organizan con relación a conjuntos de conocimientos, saberes, habilidades y comportamientos (Instituto colombiano para el fomento de la educación superior ICFES, 1998).

Para De Bono (1993), los conocimientos técnicos y especializados suelen constituir modelos establecidos con escasas posibilidades de reestructuración, ya que suelen incorporarse a la mente en su forma original, sin ser supeditados a elaboración subjetiva. Los conocimientos técnicos pertenecen más bien al ámbito del pensamiento formal dada la exclusión de alternativas.

Otra de las exigencias corresponde al énfasis en los procesos de apropiación del conocimiento tecnológico y en la preparación para una actividad de reproducción y adecuación de los objetivos tecnológicos, como un primer paso para la conformación de una nueva, activa y creativa relación con el conocimiento tecnológico y sus potenciales creativos (ICFES, 1990).

La educación técnica es una importante fuente de innovación educativa; entre más diversas sean las opciones curriculares, pedagógicas e institucionales, mayores oportunidades de innovación y de aprendizaje mutuo entre los diferentes tipos de educación. La importancia en potenciar las habilidades creativas de los estudiantes en este nivel no solo aporta innovación, sino que permiten a los profesionales implementar nuevas técnicas creativas en sus actividades y poder generar nuevas ideas, para aplicar a la organización a la que pertenecen o generar nuevos modelos de negocio competitivos y con alto potencial de innovación.

Ejemplo: en el contexto del diseño en el área de las herramientas TIC, donde, en muchas ocasiones el objetivo del dibujo es crear algo que no existe, los problemas de dibujo suelen carecer de solución definida y requieren considerable dosis de creatividad; no es necesario ni que el dibujo o diseño sean de gran calidad o que precise de mucha exactitud, basta con que se realice un intento genuino de expresar visualmente la idea que se concibe; puede recurrirse al uso de palabras o frases que expliquen alguna parte o función del diseño, aunque debe reducirse el texto al mínimo indispensable (De Bono, 1993).

El principal objetivo de los ejercicios de dibujo consiste en mostrar las diversas alternativas de dar expresión física a una función; cuando se recogen los resultados de cada uno de los individuos que hacen parte de la clase, se revela una amplia gama de enfoques; estas sesiones de dibujo contribuyen a desarrollar la habilidad en concebir puntos de vista diversos a un mismo problema o situación. La asignación de un mismo problema a cada uno de los individuos que hacen parte del curso facilita luego la comparación de los resultados (De Bono, 1993).

No se desea limitar los diseños a versiones razonables susceptibles de aplicación práctica, pero tampoco se pretende la libre expresión de la fantasía exenta de utilidad en la vida real. Es conveniente animar a los estudiantes a que compongan diseños prácticos; más que la utilidad práctica que pueda tener alguna solución propuesta por un estudiante, lo importante es responderse esta pregunta: *¿intentaba el estudiante componer algo útil o quería deliberadamente producir algo sin sentido?* (De Bono, 1993).

Para Acaso (2009), algunos aspectos del lenguaje visual en el ámbito educativo son:

- A un determinado nivel no necesita aprenderse para entender su significado.

- Facilidad de aprendizaje, cuesta menos esfuerzo. Leer un texto es un proceso en el que se obtiene información de signos completamente abstractos como las palabras, que no se parecen en nada al original que representan, mientras que de una imagen se extrae información que sí se parece a la realidad.

- Entre todos los sistemas de comunicación empleados por el ser humano, el lenguaje visual es el que tiene un carácter más universal.

- El lenguaje visual es un sistema de comunicación que mayor parecido presenta con la realidad.

Con la enseñanza formal e informal del diseño se establecen diversas maneras de ver el mundo; se aprende a verlo con la mirada del aprendiz y la del experto, y es una transición que se logra a través de muchos años. Existen pues, modelos de enseñanza del diseño, formas y espacios que explican cómo fueron diseñados, y así mismos maestros del diseño, de los cuales es posible aprender a diseñar (Jimenez Narvaez, 1998).

En el ámbito educativo, la investigación en el área del pensamiento de diseño permitirá implementar nuevas estrategias educativas, así como otros programas académicos que permitirán a los profesores y alumnos explotar posibilidades para el diseño (Jimenez Narvaez, 1998).

PARTE II: Como evaluar e identificar habilidades creativas como consecuencia del uso de herramientas TIC

La identificación de aspectos que desarrollen la creatividad en los individuos es necesaria para entender las complejas tareas que emergen en el ingenio creador del individuo, en los actuales escenarios educativos y profesionales que reclaman por una enseñanza renovada, con tinturas de "creatividad" y con matices transdisciplinares (De la Torre, 2009). Es así como las herramientas TIC pueden ser una estrategia creativa, que establecen cómo comunicar lo que se va a decir mediante un mensaje representado por medio del lenguaje visual y figurado, ejemplo: en el modelado CAD 3D se realiza dicha comunicación a través de un dibujo tridimensional digital. Esta razón justifica la necesidad de investigar la existencia relacional entre el uso de herramientas TIC y las habilidades creativas desarrolladas en los individuos. Consecuentemente, se ha generado la pregunta ¿Desarrollan los individuos habilidades creativas como consecuencia de su trabajo con herramientas TIC?

PARTE II: Como evaluar e identificar habilidades creativas

En el contexto de la herramienta TIC de modelado CAD 3D, Scrivener; Stones y Cassidy (como se citan en Bonnardel; Zenasni, 2010), afirman que el modelado CAD generalmente obliga a los diseñadores a generar representaciones externas tempranas del objeto representado, utilizando elementos altamente estructurados, los cuales no corresponden a un proceso de creación espontáneo. Whitefield (1986) sugiere que los sistemas CAD ejercen una influencia negativa en el diseño creativo, afirma que los estudiantes en el modelado CAD requieren de mayor conocimiento centrado más en el uso de la tecnología computacional que en la tarea de diseño creativo, arrojando dudas sobre la afirmación de que el CAD le brinda al diseñador la libertad de ser más creativo en comparación con métodos de diseño manual. Autores como Ibrahim & Pour Rahimian (2010), sugieren que el modelado CAD no genera impacto positivo en la creatividad, parece que obstaculiza la trasnferencia de la información en la etapa conceptual de los diseños. Por otra parte, autores como Musta'amal; Norman; Jabor y Buntat (2012), K. Lieu y Sorby (2011), Sönmez (2013), Cho (2016), Lee y Yan (2016) establecen que, en diferentes disciplinas universitarias el uso de herramientas CAD pueden potenciar las habilidades creativas de los estudiantes o diseñadores. Es claro que, sin tener en cuenta demasiados antecedentes, se presentan las dos posturas o hipótesis para investigar. La primera es aquella cuyos autores afirman que el modelado CAD, no obliga a los individuos al uso de estructuras complejas del pensamiento, y que por ende no existe un desarrollo de la creatividad. La segunda postura es aquella cuyos autores afirman que el modelado CAD, obliga a los individuos al uso de estructuras complejas del pensamiento, y que por ende existe un desarrollo de la creatividad.

En esta segunda parte, el lector podrá aprender cómo puede estudiar e indagar sobre las habilidades creativas que desarrolla el individuo como consecuencia del uso de herramientas TIC, desde los enfoques cuantitativos y cualitativos, tomando como contexto o ejemplo de aplicación, el eso de la herramienta CAD 3D (García Espinosa & Gómez Angarita, Desarrollo de habilidades creativas de los estudiantes como consecuencia del uso de herramientas TIC, 2020).

Capítulo cuatro: Enfoque positivo para medir el impacto de las herramientas TIC

De acuerdo a la naturaleza de la pregunta: ¿Desarrollan los individuos habilidades creativas como consecuencia de su trabajo con herramientas TIC?, se propone el enfoque positivo, con alcance correlacional, donde el tipo e información permite el tratamiento de orden cuantitativo. Estas investigaciones permiten llevar a cabo un *Pretest* y *Postest* para evaluar las habilidades creativas (variable dependiente), con una muestra conformada por dos grupos: experimental y control (Hernández Sampieri, Fernández Collado, & Baptista Lucio, 2014).

Primero se aplica un *Pretest* a la muestra, luego se lleva a cabo la implementación del estímulo o tratamiento. En el contexto de la investigación de García Espinosa & Gómez Angarita (2020) corresponde a la enseñanza del modelado CAD 3D (variable independiente). Aquí el lector que se encuentra interesado puede decidir qué herramienta TIC desea implementar y estudiar para identificar qué habilidades creativas se desarrollan. Finalmente, se le aplica una *Postest* también a los dos grupos de muestra, permitiendo realizar inferencias respecto a los cambios (Hernández Sampieri, Fernández Collado, & Baptista Lucio, 2014).

Diseño

En el contexto del estudio llevado a cabo con la herramienta TIC de modelado CAD 3D (García Espinosa & Gómez Angarita, Desarrollo de habilidades creativas de los estudiantes como consecuencia del uso de herramientas TIC, 2020), que, de acuerdo con el diseño de la investigación mostrado en la

Ilustración 15, la muestra objeto de estudio estuvo conformada por un grupo experimental y un grupo control. A los dos grupos se les llevó a cabo un *Pretest* (prueba ECG que se explicará más adelante en este capítulo). Al Grupo Experimental se le realizó un estímulo o tratamiento que corresponde a la enseñanza del modelado CAD 3D (variable independiente) y al Grupo Control no se le realizó intervención. Finalmente, a ambos grupos se les realizó un *Postest* (prueba ECG) para evaluar las habilidades creativas (variable dependiente), permitiendo realizar inferencias respecto a los cambios presentados como consecuencia del estímulo.

Ilustración 15.Esquema de Diseño de la investigación.

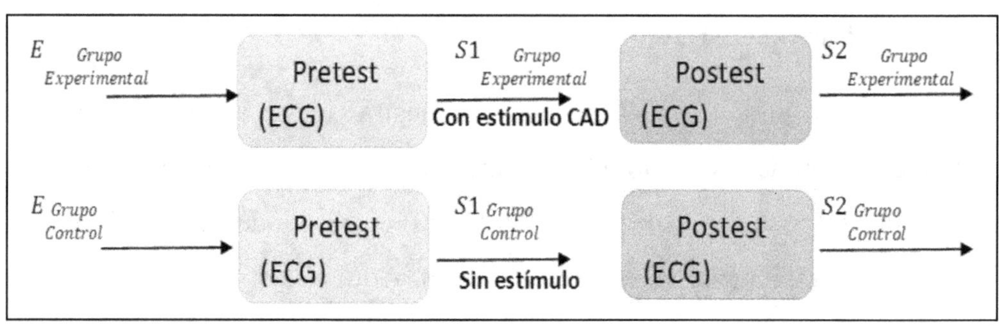

Fuente: elaboración propia.

Población y muestra

En este apartado, es importante que el lector verifique su población accesible, si trabaja con estudiantes, empleados, personas a su cargo, etc, para así tener en cuenta siempre personas a las cuales se tendrá acceso, tenga en cuenta que deberá aplicar un *Pretest*, un *Postest*, una intervención, y demás instrumentos o pruebas que desee.

Para el ejemplo de la herramienta TIC de modelado CAD 3D, la investigación se llevó a cabo con los aprendices del programa de formación de nivel tecnólogo en Mantenimiento Mecatrónico de Automotores (Servicio Nacional de Aprendizaje SENA, 2016), del Centro de Diseño e Innovación Tecnológica Industrial de Dosquebradas (Colombia). Como porción finita de estudiantes nivel tecnológico, el tamaño de la población fue N=209 aprendices (Servicio Nacional de Aprendizaje SENA, 2017). Por muestreo aleatorio simple se determinó una muestra representada por 29 individuos (Grupo Control) y 29 individuos (Grupo Experimental) (García, 2019).

Los pasos para determinar la muestra se definen en el diagrama de flujo de la Ilustración 16 por el método de muestra aleatoria simple.

La muestra debe ser obtenida de la población N= 209 aprendices del programa de formación de nivel tecnólogo en Mantenimiento Mecatrónico de Automotores (Servicio Nacional de Aprendizaje SENA, 2016), del SENA Centro de Diseño e Innovación Tecnológica Industrial de Dosquebradas. Para la obtención de la muestra se trabajará con un error máximo permisible adoptado del 14%, además se toma como significancia estadística un 10%.

Ilustración 16. Pasos para determinar la muestra.

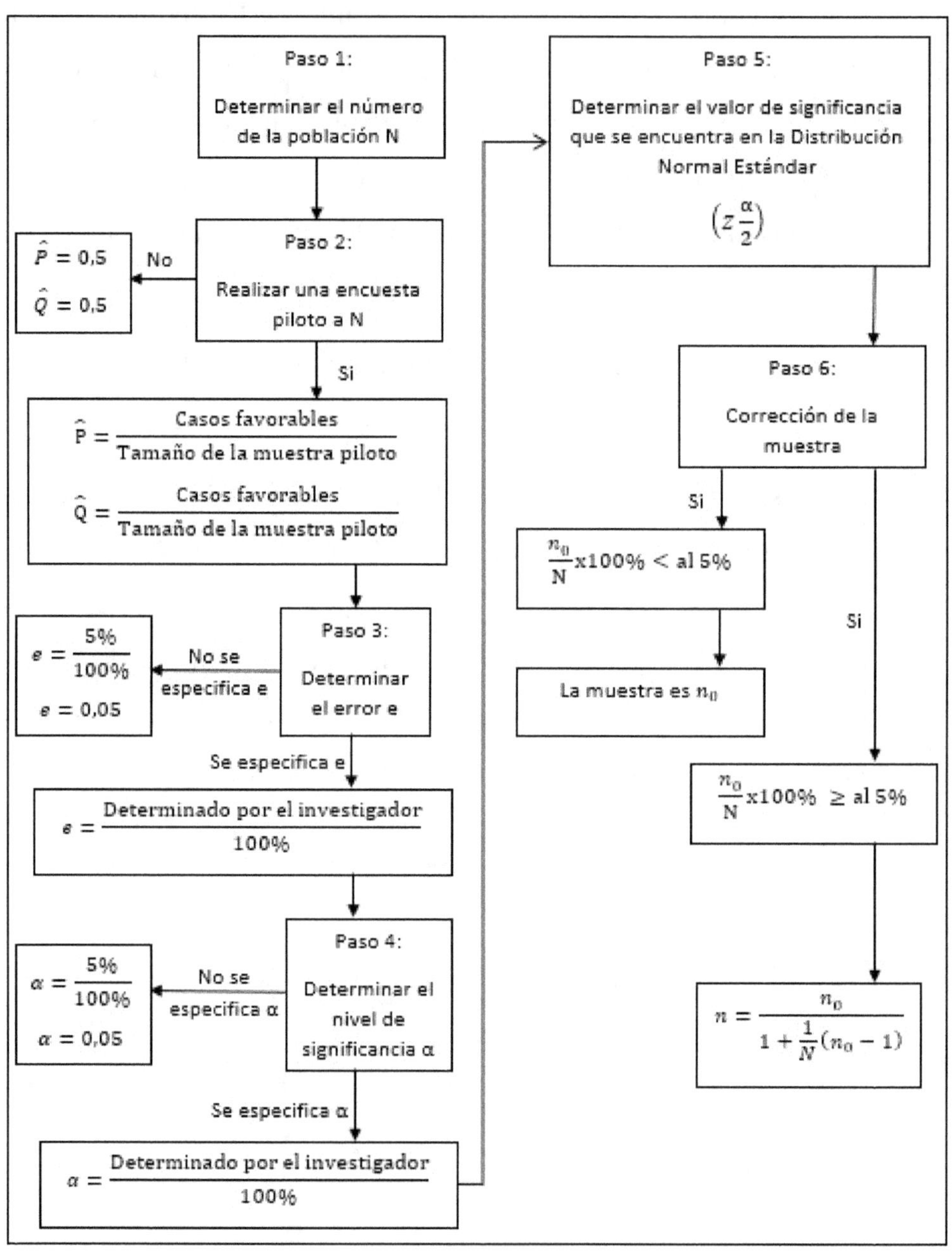

Fuente: García (2019).

Capítulo 4: Enfoque positivo para medir el impacto de TIC

Aplicando los pasos descritos en la Ilustración 16, se tiene:

- Paso 1: Encontrar las proporciones de la encuesta preliminar.

Como no se dice nada de la proporción de elementos, o de una encuesta preliminar, entonces se asume $\widehat{P} = 0,5$.

- $\widehat{P} \rightarrow$ Proporción poblacional.

- $P \rightarrow$ Es la proporción de elementos a favor. En este caso

- $\widehat{P} = \dfrac{\text{Casos Favorables}}{\text{Tamaño de la muestra piloto}} \qquad \widehat{P} = \dfrac{50}{100} \qquad \widehat{P} = 0,5$

- $Q \rightarrow$ Es la proporción de elementos en contra. En este caso

- $\widehat{Q} = \dfrac{\text{Casos Favorables}}{\text{Tamaño de la muestra piloto}} \qquad \widehat{Q} = \dfrac{50}{100} \qquad \widehat{Q} = 0,5$

- Paso 2:

- $e \rightarrow$ Error máximo permisible que el investigador asume en el proceso investigativo.

En este caso es del 14% lo cual corresponde a:

$$e = \dfrac{14\%}{100\%} \qquad e = 0,14$$

- Paso 3: Calcular el valor que se encuentra en la distribución normal estándar.

$$\left(Z\frac{\alpha}{2}\right) \qquad \alpha = \dfrac{porcentaje\ del\ nivel\ de\ significancia}{100\%}$$

En este caso se indica que el nivel de significancia es 10%

PARTE II: Como evaluar e identificar habilidades creativas

$$\alpha = \frac{10\%}{100\%} \qquad\qquad \alpha = 0,1$$

Los datos definitivos son:

- $\hat{P} = 0,5$

- $\hat{Q} = 0,5$

- $e = 0,14$

- $\alpha = 0,1$

- Paso 4: Se calcula el valor que se encuentra en la distribución normal estándar.

$$(Z\frac{\alpha}{2})$$

$$(Z\frac{\alpha}{2})$$

$$(Z\frac{0,1}{2})$$

$$(Z\,0,05)$$

- Paso 5: Interpolar en la tabla de función distribución normal.

De la Ilustración 17 se toma el valor $Z = 0,05$

- Paso 6: Reemplazar los valores en la ecuación.

$$n_0 = \frac{(Z\frac{\alpha}{2})^2 xPxQ}{e^2}$$

$$n_0 = \frac{(1,64)^2 x0,5x0,5}{0,14^2}$$

$$n_0 = 34,30$$

$n_0 = 34$ Aprendices

Ilustración 17. Función de distribución normal.

(1) Puntuación "Z"	(2) Distancia de "Z" a la media	(3) Área de la parte mayor	(4) Área de la parte menor
1.63	.4484	.9484	.0516
1.64	.4495	.9495	.0505
1.65	.4505	.9505	.0495
1.66	.4515	.9515	.0485

Fuente: elaboración propia, adaptado de García (2019).

- Paso 7: Determinar si es necesario realizar corrección por finitud.

n_0, no es necesariamente la muestra por tomar; para determinar si verdaderamente sirve esta muestra se debe cumplir con:

$$\frac{n_0}{N}x100\%$$

Si $\quad \frac{n_0}{N}x100\% \geq al\ 5\%$ se realiza corrección por finitud

Si $\quad \frac{n_0}{N}x100\% < al\ 5\%$ no se realiza corrección por finitud

$$\frac{34}{209}x100\%$$

$16{,}26\% \geq al\ 5\%$

Luego se realiza corrección por finitud .

- Paso 8:

$$n = \frac{n_0}{1 + \frac{1}{N}(n_0 - 1)}$$

$$n = \frac{34}{1 + \frac{1}{209}(34 - 1)}$$

$$n = 29{,}36$$

Se toma el valor más próximo hacia abajo a 29,36, quedando en 29.

$n = 29\ Aprendices$

La muestra debe estar representada por 29 individuos, pero para que el estudio tenga una significancia estadística, es necesario contar con dos grupos, uno experimental y el otro de control, luego la muestra debe estar representada por 29 individuos (Grupo Control), y un segundo grupo cuya muestra es también de 29 individuos (Grupo Experimental); a los cuales se les aplica el instrumento antes de iniciar la intervención y después de finalizarla. Para ajustar la homogeneidad de la muestra, es importante que el lector tenga en cuenta adicionalmente otros aspectos en los sujetos de investigación. En el ejemplo de la investigación llevada a cabo con estudiantes (García Espinosa & Gómez Angarita, Desarrollo de habilidades creativas de los estudiantes como consecuencia del uso de herramientas TIC, 2020), estos debían cumplir con los siguientes criterios de selección:

- Personas con edades comprendidas entre los 17 y 30 años.

- Que cursen estudios en tecnología en el SENA.

- Que el programa de formación al cual pertenecen los estudiantes no contemple en la estructura curricular del mismo la asignatura de modelado CAD (en este caso el programa de formación en Mantenimiento Mecatrónico de Automotores del SENA Centro de

Diseño e Innovación Tecnológica Industrial de la ciudad de Dosquebradas (Servicio Nacional de Aprendizaje SENA, 2016).

- Que el programa al cual pertenezca la población seleccionada sea afín al conocimiento y manejo instrumental (característica que permite asegurar una población con intereses en el manejo de las TIC en la especificidad gráfica).

- Que los estudiantes estén matriculados en etapa lectiva del programa.

Cómo usar un instrumento para medir habilidades creativas

Para evaluar las habilidades creativas en el *Pretest* y *Postest* sobre los sujetos que conforman los grupos experimental y control, se utilizó el instrumento Evaluación de la Creatividad Gráfica (ECG), que corresponde a una prueba psicopedagógica elaborada por De la Torre & Violant (2006), basada en los mismos supuestos teóricos del *Test de Abreacción para Evaluar la Creatividad TAEC*, que cuenta con confiabilidad para los indicadores por encima del 0,89 y validez externa (De la Torre, 1991). El ECG permite evaluar 11 indicadores asociados a las habilidades creativas de los individuos: resistencia al cierre (Rc), complección figurativa (Cf), originalidad (Or), elaboración (El), conectividad lineal (Cl), conectividad temática (Ct), conectividad expansiva (Ce), fantasía (Fa), habilidad gráfica (Hg), sentido del humor (Sh), fluidez gráfica (Fg) y puntaje total (Pt).

La prueba corresponde a una hoja o folio que se entrega al individuo (Ilustración 18), el cual se ofrece como una actividad lúdica (y de hecho lo es), donde la única instrucción que se ofrece es: "Pon a prueba tu creatividad.

PARTE II: Como evaluar e identificar habilidades creativas

Realiza un dibujo con las figuras del recuadro. Tómate el tiempo que consideres necesario *".*

La prueba consta de un marco o recuadro, el cual contiene 6 estímulos o formas al interior, y al exterior se encuentran 3 estímulos, para un total de 9 estímulos. La persona una vez recibe la hoja y las instrucciones, realiza sus dibujos, el tiempo que se toma la persona es libre, sin embargo, basado en la experiencia la gran mayoría de individuos no demoran en presentar la prueba en más de 20 minutos transcurridos, en algunos casos, algunos sujetos pueden tomar hasta una hora de elaboración. Esto permite al lector planear al menos una hora de tiempo para que el/los sujetos de investigación puedan presentar la prueba.

Cada uno de los indicadores se cuantifica con una valoración de 0 a 9; entiendase que, para un individuo, si un indicador se califica con 0, significa la ausencia de las habilidades creativas asociadas a este indicador, por otra parte, si el indicador se cuantifica con 9, indica una presencia total de las habilidades creativas asociadas para ese indicador en el individuo. El puntaje total (Pt), no es un indicador de creatividad, pero permite tener una perspectiva holística de los resultados obtenidos por el individuo y por el grupo. En la Tabla 4 se presenta un resumen donde el lector podrá aprender cómo evaluar cada uno de los 11 indicadores, y también se presenta una síntesis de las principales habilidades creativas y características asociadas a cada indicador.

Ilustración 18. Prueba ECG.

Fuente: elaboración propia, adaptado de la Torre & Violant (2006).

Tabla 4. Atributos y evaluación de indicadores de prueba ECG.

INDICADOR	ATRIBUTOS/HABILIDADES ASOCIADAS	CRITERIOS DE VALORACIÓN
ABREACCIÓN O RESISTENCIA AL CIERRE (RC)	El sujeto con alta puntuación posibilita un potencial para transformar el medio e ir más allá de la información recibida en el período de incubación. Los sujetos con mayor flexibilidad perceptiva y actitudinal pueden controlar mejor la tensión al cierre inmediato de aberturas, e imaginar acabados más elaborados y menos habituales.	Se atribuirá un punto por cada figura dejada abierta o cerrada indirectamente; por ejemplo, cuando se vale de más de una raya, bucles, zigzags, sierras, cierres originales, etc. Para este factor se tendrá en cuenta solamente las 5 figuras abiertas del recuadro, a excepción del punto. El arco tiene una sola abertura, las demás tienen dos cada una, por lo que la puntuación máxima posible será de 9.
COMPLECCIÓN FIGURATIVA (CF)	Quien actúa de esta forma pone de manifiesto una actitud transformadora, pero sin entrar a valorar el alcance de dicha transformación. La complección tiene que ver con la capacidad imaginativa del individuo.	Se valora la disposición del sujeto para continuar un estímulo, hasta darle un sentido nuevo reflejado en cada uno de los nueve trazos. Para su valoración se otorgará un punto por cada una de las nueve figuras continuadas con algún trazo nuevo.
ORIGINALIDAD (OR)	La alta originalidad suele ir acompañada de fantasía, conectividad, alcance, expansión y riqueza expresiva. Ser original significa ser capaz de producir algo nuevo y precisamente la novedad constituye el criterio más frecuentemente señalado. Alude a lo primero en aparecer, de lo que derivan ideas posteriores. Es la rareza de una respuesta en un grupo dado	Se valora la creación de nuevas representaciones, composiciones o simbolismos a partir de los trazos dados. Se asigna un punto a cada una de las nueve representaciones cuando, siendo independientes, presentan cierta novedad, rareza, efecto sorprendente, simbolismo, etc. La repetición de las representaciones en un porcentaje superior al 2% no puntúan, como tampoco las figuras estereotipadas, enlaces geométricos sin sentido, repetición o simple prolongación del trazo. Cuando existe unidad temática de todas o parte de las figuras se valorará la originalidad de la composición en su conjunto. Para facilitar la valoración se pueden establecer tres niveles: baja originalidad (de 0 a 3 puntos); originalidad media (entre 4 y 6 puntos); originalidad relevante (entre 7 y 9 puntos).

INDICADOR	ATRIBUTOS/HABILIDADES ASOCIADAS	CRITERIOS DE VALORACIÓN
ELABORACIÓN (EL)	Este acabado es el que supone, por lo general, más dedicación y esfuerzo a los creativos. Un individuo con estilo globalizador, intuitivo, no suele cuidar tanto el detalle, en tanto que otro más analítico presta más atención a los elementos secundarios o detalles. Una persona que cuida el detalle suele serlo ser lo en todos sus trabajos. Emplea más tiempo en la realización de las tareas con estilos creativos intuitivo y analítico.	Se valora la disposición y habilidad del sujeto para expresar con más o menos detalle sus ideas. Se otorga un punto por cada figura con elementos de acabamiento, decorativos o de realce que vayan más allá de los trazos necesarios para reconocer la figura o símbolo representado. Ante una representación global se recurren a las categorías de baja elaboración (0 a 3 puntos), media elaboración 84 a 6 puntos) y alta elaboración (7 a 9 puntos).
CONECTIVIDAD LINEAL (CL)	Está relacionado con la capacidad del individuo para establecer relaciones forzadas, una técnica bastante popular para la generación de ideas.	Se puntuará de acuerdo con el número de conexiones o líneas entre los trazos dados. Si se hacen dibujos independientes por cada trazo, se valora en 0, en cambio, si se integran todos los trazos, incluidos los externos, en un único dibujo, la puntuación corresponderá a 9.
CONECTIVIDAD TEMÁTICA (CT)	El individuo elabora un nuevo tema o composición con significado propio a partir de las figuras dadas en el recuadro. El individuo debe representar imaginativamente la escena que quiere dibujar antes de hacerlo, lo cual tendrá tanto más valor cuanto más se aparte de los estímulos; su valor se ve favorecido, cuando la capacidad de sobrepasar el estímulo va más allá de lo que la estructura gráfica sugiere.	A diferencia del anterior, este indicador en la conexión entre los trazos añade unidad temática entre ellos, para llevar a cabo una representación conjunta con un sentido nuevo. La ausencia de unidad se puntúa 0, se asigna un punto por cada figura integrada en el tema, una composición única con los elementos internos del recuadro equivale a 6, y si además se incorporan los trazos externos se puntúa con 9.
CONECTIVIDAD EXPANSIVA (CE)	Disposición para romper limitaciones y bloqueos perceptivos, prejuicios, convencionalismos, marcos de referencia, posibilitando con ello encontrar nuevas soluciones a los problemas. Cuando el individuo integra en su composición los trazos externos del recuadro, no solo de continuarlos, sino de conectarlos con la temática expresada, indica en el individuo expansión, iniciativa y aceptación de riesgo, cierto grado de inconformismo, y tolerancia a lo complejo, unos rasgos propios de las personas creativas.	Se valora con 3 puntos por cada uno de los trazos externos integrados temáticamente. Si no se integra ninguno, se puntúa con 0.

INDICADOR	ATRIBUTOS/HABILIDADES ASOCIADAS	CRITERIOS DE VALORACIÓN
FANTASÍA (FA)	El individuo lleva la originalidad a sus límites extremos entre la pertinencia de la respuesta y la extravagancia. Es un indicador que permite indagar las fronteras del pensamiento divergente. Una persona que desarrolla esta habilidad constantemente cuestiona: ¿hasta dónde estamos dispuestos a romper con las estructuras aprendidas? ¿Hasta qué punto nos apartamos de lo establecido?	Se otorga un punto por cada representación que contenga elementos fantásticos. En composiciones temáticas se valorará el alcance fantasioso de la representación en su conjunto, realista, familiar o con características cotidianas (0 a 3 puntos), extraño en algún aspecto (4 a 6 puntos) y fantasioso (7 a 9 puntos).
HABILIDAD GRÁFICA (HG)	El individuo con habilidad y destreza para trasladar a lenguaje gráfico las imágenes mentales, tiende a destacar también en originalidad, conectividad, y fluidez.	Se pone de manifiesto a través de la firmeza de los trazos y la clara definición del objeto representado. Se lleva a cabo una valoración global, donde 0 equivale a la falta de habilidad que se espera de acuerdo con la edad del individuo, de 1 a 3 corresponde a una habilidad incipiente, de 4 a 6 es habilidad media y de 7 a 9 es una habilidad o destreza superior.
SENTIDO DEL HUMOR (SH)	Es la facilidad para generar situaciones en las que aparecen simultáneamente unidos dos planos de experiencia o lenguaje. Son asociaciones independientes unidas inesperadamente gracias a la flexibilidad del pensamiento y el uso de relaciones forzadas.	Se valora con 0 a la ausencia total de elementos humorísticos, de 1 a 3 bajo nivel, de 4 a 6 donde aparecen elementos aislados en algunas figuras y de 7 a 9 corresponde a la composición en su conjunto de cierto sentido del humor.
FLUIDEZ GRÁFICA (FG)	Es la facilidad que tienen los individuos para expresar múltiples ideas con un determinado código; el factor que más influye en su evaluación es el tiempo, de ahí que este es empleado en la realización de la prueba teniéndolo en cuenta no como limitador de la tarea sino como variable que permite valorar el coeficiente de fluidez gráfica.	Se obtiene al dividir la suma de las puntuaciones obtenidas de los 10 factores entre el tiempo que ha precisado la elaboración de la prueba, cuyo valor es medido en minutos.

Fuente: elaboración propia, sintetizado de la Torre & Violant (2006).

En la Ilustración 19 se presenta un ejemplo de la prueba ECG presentada por un individuo de la investigación sobre el modelado CAD (García Espinosa & Gómez Angarita, Desarrollo de habilidades creativas de los estudiantes como consecuencia del uso de herramientas TIC, 2020), y su respectiva valoración.

Ilustración 19. Ejemplo diligenciado de la prueba ECG.

Fuente: elaboración propia.

Intervenciones

La intervención es la variable independiente que corresponde al uso de la herramienta TIC que se desee estudiar, es importante para el lector tener en cuenta algunos aspectos dependiendo de sus objetivos planteados de estudio (Tabla 5).

Para el desarrollo del estímulo en el grupo experimental (variable independiente manipulada) correspondiente al uso de alguna herramienta TIC, se deben tener en cuenta los insumos para la delimitación legal del proyecto, esto es, buscar las licencias de uso con que cuenta su organización, que, para el ejemplo del uso de modeladores CAD 3D (García Espinosa & Gómez Angarita, Desarrollo de habilidades creativas de los estudiantes como consecuencia del uso de herramientas TIC, 2020), se seleccionó el software de modelado CAD 3D Solidworks®. Para este caso, la intervención ha consistido en una capacitación o formación complementaria, cuya duración fue de aproximadamente 2 meses (40 horas), con una intensidad horaria de 2 sesiones por semana y 2 horas por cada sesión.

Tabla 5. Aspectos para tener en cuenta para la implementación de la intervención TIC.

TIPO DE POBLACIÓN	ASPECTOS PARA TENER EN CUENTA
ESTUDIANTES	Se puede recurrir a un curso complementario enfocado en el uso de la herramienta TIC que se vaya a implementar, ofreciendo las ventajas que ofrece esta herramienta como área transversal a los objetivos de la carrera, nivel, o programa de formación al que pertenezcan los estudiantes. También es importante tener definidos la estrategia de aprendizaje y actividades que se llevarán a cabo.
EMPLEADOS	Se puede ofrecer como una actividad lúdica. Si se desea conocer el uso de una herramienta TIC que hace parte de las labores formales de la organización, tan solo es

	suficiente presentar el uso del *Pretest* y el *Postest*. Por otra parte, si se desea conocer el impacto de la implementación de una herramienta TIC en la organización es importante orientar a los empleados hacia los objetivos y expectativas esperadas como consecuencia de su implementación.
PERSONA O DESARROLLO INDIVIDUAL	Es importante que se debe proponer la intervención a una persona que no esté familiarizada con la evaluación de la pruea ECG, ya que si se conocen los aspectos que se tienen en cuenta para una valoración alta en cada indicador, esto conllevará a perder la objetividad de la evaluación ya análisis posterior.

Fuente: elaboración propia.

Se seleccionaron módulos o temáticas con el objetivo de que el estudiante interactúe directamente con técnicas de modelado geométrico tridimensional en Solidworks®, de tal forma que sea coherente con todo lo planteado en el proyecto de investigación con relación única y exclusivamente al modelado CAD 3D. Las sesiones que se llevaron a cabo fueron: modelado de piezas geométricas a partir de croquis, modelado de sólidos con el uso de operaciones extruir saliente, extruir corte, redondeo, chaflán, vaciado, saliente y corte por revolución, recubrir, barrido, simetría, ensamblaje de piezas, y modelado mediante superficies. Cada uno de los módulos se desarrolló de manera interrelacionada, con el uso de retos u objetivos concretos a los estudiantes, para que modelaran piezas o sólidos que bien pueden partir de imágenes o fotos del objeto (reto), imágenes tridimensionales del objeto terminado en Solidworks® o de objetos físicos para que los estudiantes interactúen (Ilustración 20).

Ilustración 20. Actividad desarrollada durante la intervención de modelado CAD 3D.

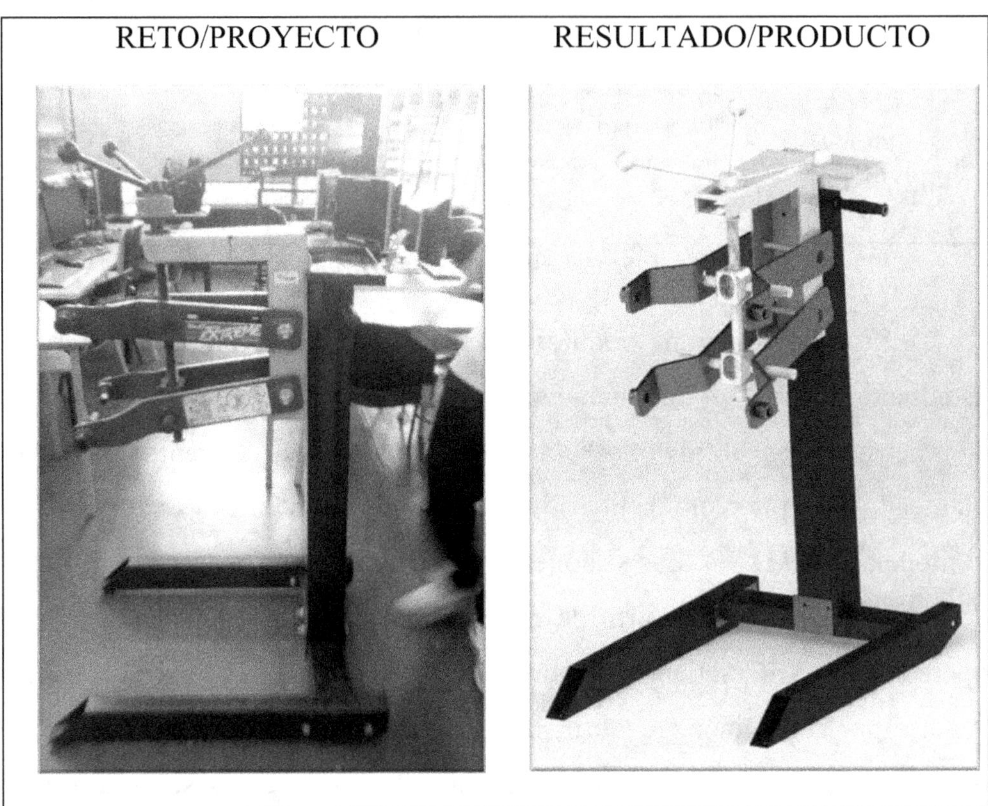

Fuente: elaboración propia.

Resultados

Resultados evaluación de Pretest y Postest a los grupos experimental y control

En la Tabla 6 y la Tabla 7 se pueden apreciar los resultados obtenidos de los indicadores evaluados por el instrumento ECG y para cada uno de los 29 sujetos de los grupos Experimental y Control.

Tabla 6. Resultados *Pretest* y *Postest* grupo Control.

| | *Pretest* evaluación de creatividad gráfica | | | | | | | | | | | | | *Postest* evaluación de creatividad gráfica | | | | | | | | | | | |
#	Te	Rc	Cf	Or	El	Cl	Ct	Ce	Fa	Hg	Sh	Fg	Pt	Te	Rc	Cf	Or	El	Cl	Ct	Ce	Fa	Hg	Sh	Fg	Pt
1	26	5	9	3	5	7	8	3	3	3	0	1,77	46	14	6	9	4	7	9	9	9	3	5	0	4,36	61
2	34	2	8	1	1	0	0	0	3	2	0	0,50	17	15	0	9	2	2	2	0	0	3	2	0	1,33	20
3	16	1	6	3	2	4	2	0	3	2	1	1,50	24	16	2	6	1	1	0	0	0	2	1	0	0,81	13
4	27	7	8	2	2	1	0	0	3	2	0	0,93	25	19	6	9	2	2	2	4	0	3	2	2	1,68	32
5	32	1	9	3	2	9	9	9	5	2	2	1,59	51	20	0	9	4	5	6	9	9	3	4	0	2,45	49
6	23	3	9	2	1	0	0	0	3	2	0	0,87	20	22	0	9	3	5	0	0	0	3	3	0	1,05	23
7	32	3	5	2	1	2	0	0	3	2	0	0,56	18	29	3	5	2	4	2	4	0	3	3	0	0,90	26
8	47	1	6	2	2	0	0	0	3	2	0	0,34	16	24	0	5	1	2	0	0	0	3	2	0	0,54	13
9	44	9	1	2	3	0	0	0	3	3	1	0,50	22	25	0	6	2	2	0	0	0	3	3	0	0,64	16
10	48	2	6	2	3	0	0	0	3	3	0	0,40	19	25	2	6	2	2	0	0	0	3	3	0	0,72	18
11	55	5	9	3	3	0	0	0	5	2	1	0,51	28	38	1	9	7	9	4	9	9	7	7	0	1,63	62
12	58	2	9	7	9	9	9	9	7	7	0	1,17	68	39	2	7	8	9	7	9	3	8	8	2	1,62	63
13	49	0	6	4	7	0	6	0	5	3	1	0,65	32	47	7	4	1	1	0	6	0	3	2	1	0,53	25
14	34	7	9	2	1	9	9	9	4	2	0	1,53	52	42	5	7	2	1	0	0	0	3	2	0	0,48	20
15	44	0	8	2	3	0	0	6	3	2	0	0,55	24	41	0	8	2	1	0	0	0	3	3	0	0,41	17
16	55	4	6	3	4	0	3	0	5	3	0	0,51	28	40	0	9	4	5	0	9	9	3	4	3	1,15	46
17	22	2	6	2	3	0	0	0	3	2	0	0,82	18	39	2	9	2	3	0	3	0	3	3	0	0,64	25
18	21	0	6	2	3	5	7	3	3	2	0	1,48	31	38	5	6	3	6	2	6	0	3	6	0	0,97	37
19	40	2	6	3	7	5	6	0	3	4	0	0,90	36	38	3	6	2	7	6	6	0	3	6	0	1,03	39
20	35	2	7	1	2	2	0	0	3	2	0	0,54	19	34	2	9	3	2	0	0	0	3	2	0	0,62	21
21	48	2	6	4	7	4	6	0	5	4	0	0,79	38	30	6	9	5	3	0	6	0	5	4	0	1,27	38
22	13	4	6	1	1	0	0	0	3	2	0	1,31	17	29	3	8	3	3	0	0	0	4	3	0	0,83	24
23	22	2	8	2	1	0	0	0	3	2	0	0,82	18	19	3	9	2	2	0	0	0	4	3	0	1,21	23
24	10	2	9	3	1	0	9	9	3	2	2	4,00	40	16	3	9	2	1	0	9	9	3	3	2	2,56	41
25	10	0	9	2	2	7	9	9	4	2	2	4,60	46	13	0	9	1	1	8	9	9	3	2	0	3,23	42
26	14	0	9	1	1	9	9	9	2	1	0	2,93	41	11	0	6	2	1	4	6	6	4	2	1	2,91	32
27	32	8	5	2	1	3	2	0	2	2	0	0,78	25	10	4	8	1	1	8	9	9	2	1	0	4,30	43
28	13	9	8	2	1	8	8	9	2	2	0	3,77	49	7	7	8	1	1	8	7	6	2	1	0	5,86	41
29	13	8	3	1	1	0	0	0	2	1	0	1,23	16	8	8	5	1	1	0	2	0	2	1	0	2,50	20

Fuente: elaboración propia.

Tabla 7. *Pretest* y *Postest* Grupo Experimental.

	Pretest evaluación de creatividad gráfica													Postest evaluación de creatividad gráfica												
#	Te	Rc	Cf	Or	El	Cl	Ct	Ce	Fa	Hg	Sh	Fg	Pt	Te	Rc	Cf	Or	El	Cl	Ct	Ce	Fa	Hg	Sh	Fg	Pt
1	37	0	8	1	1	0	0	0	2	2	0	0,38	14	27	1	9	2	4	0	2	3	4	4	0	1,07	29
2	5	9	0	0	0	0	0	0	1	0	0	2,00	10	26	9	6	2	7	0	6	0	4	4	0	1,46	38
3	35	2	9	3	3	2	0	3	2	3	0	0,77	27	24	2	9	3	7	2	7	9	5	5	4	2,21	53
4	31	1	8	5	6	0	0	0	5	4	4	1,06	33	23	3	8	5	7	0	8	6	5	7	4	2,30	53
5	34	0	9	3	3	0	9	9	4	3	0	1,18	40	18	3	9	3	5	6	9	9	7	7	0	3,22	58
6	29	3	4	2	3	4	0	3	2	2	0	0,79	23	15	0	9	2	2	7	8	6	5	3	2	2,93	44
7	36	8	9	7	7	5	9	9	6	5	0	1,81	65	34	4	9	6	7	3	9	9	8	4	0	1,74	59
8	65	7	8	6	5	0	6	0	5	4	0	0,63	41	32	4	8	5	7	0	9	9	7	5	4	1,81	58
9	27	2	8	2	1	2	7	6	3	3	0	1,26	34	29	4	8	3	4	3	4	3	4	4	0	1,28	37
10	33	2	6	2	1	0	3	0	3	3	1	0,64	21	26	2	5	2	4	2	5	0	4	4	0	1,08	28
11	28	2	7	1	1	5	5	3	3	2	0	1,04	29	26	1	8	2	1	0	0	0	4	3	3	0,85	22
12	44	2	9	1	1	0	0	0	3	2	0	0,41	18	26	0	9	1	2	0	0	0	3	3	0	0,69	18
13	32	4	9	1	2	5	5	3	3	3	0	1,09	35	25	1	9	1	3	4	9	9	3	4	0	1,72	43
14	54	1	9	1	4	0	0	0	3	3	0	0,39	21	25	1	7	2	4	0	8	9	3	4	0	1,52	38
15	32	2	9	3	7	3	9	9	4	4	0	1,56	50	25	7	8	3	8	0	9	9	3	7	2	2,24	56
16	10	5	5	2	2	0	0	0	2	3	0	1,90	19	25	7	7	2	4	0	7	9	3	3	0	1,68	42
17	33	1	9	3	1	5	6	6	4	3	0	1,15	38	24	0	9	2	3	2	6	9	4	3	0	1,58	38
18	47	1	8	2	1	7	9	9	3	2	0	0,89	42	24	4	9	4	8	4	9	9	5	7	2	2,54	61
19	18	4	8	1	2	2	6	0	2	2	2	1,61	29	24	1	7	1	2	0	0	0	3	3	0	0,71	17
20	27	8	2	7	7	0	0	0	5	4	2	1,30	35	21	8	8	3	7	0	8	6	7	5	0	2,48	52
21	25	4	6	1	1	0	0	0	2	2	0	0,64	16	22	4	6	1	2	0	5	0	2	2	0	1,00	22
22	47	2	8	2	3	0	0	3	3	3	2	0,55	26	36	2	8	2	2	0	0	6	2	3	0	0,69	25
23	11	2	6	2	2	0	5	0	3	3	0	2,09	23	15	3	6	2	3	0	6	3	4	3	3	2,20	33
24	47	4	8	3	6	4	4	9	5	6	0	1,04	49	25	3	8	1	1	4	5	3	3	3	0	1,24	31
25	35	0	8	2	3	8	8	9	3	3	1	1,29	45	20	2	8	2	5	3	9	9	3	5	4	2,50	50
26	24	5	5	1	2	0	0	0	3	2	0	0,75	18	40	6	5	3	3	2	6	0	3	3	0	0,78	31
27	49	6	4	2	5	0	0	0	3	4	1	0,51	25	10	8	3	2	4	0	0	0	3	4	2	2,60	26
28	35	7	7	3	3	0	0	0	3	2	1	0,74	26	15	7	7	3	4	0	7	6	4	4	3	3,00	45
29	8	2	6	1	1	0	0	0	2	2	0	1,75	14	14	0	7	4	7	5	7	3	4	6	2	3,21	45

Fuente: elaboración propia.

Análisis estadístico con el uso de SPSS®

Para el ejemplo del estudio con el modelado CAD 3D (García Espinosa & Gómez Angarita, Desarrollo de habilidades creativas de los estudiantes como consecuencia del uso de herramientas TIC, 2020), el análisis estadístico de los resultados obtenidos se llevó a cabo con la herramienta computacional SPSS® y se dividió en tres etapas:

Exploración y pruebas de independiencia de variables

Esta parte del proceso permitirá al lector primero validar que, tanto los datos obtenidos en las pruebas, como los mismos cargados en el SPSS® se encuentran correctamente alienados y correctos para así poder posteriormente realizar los posteriores análisis.

Como primer aspecto, se validan de los resultados obtenidos que no se presentaron casos perdidos (García, 2019), esto se puede apreciar en la Tabla 8, se tiene en cuenta como factor de exploración la variable nominal (tipo de grupo), esta es, la variable categórica que nos permite establecer los dos tipos de grupos del estudio, que corresponden al grupo control y grupo experimental. Y como variables dependientes, que son las variables cuantitativas evaluadas en el instrumento ECG, que son: te, Rc, Cf, Or, El, Cl, Ct, Ce, Fa, Hg, Sh, Fg, y Pt. Con el tratamiento de los datos con el software SPSS®, arroja los siguientes resultados:

Tabla 8. Resumen de procesamiento de casos.

GRUPO DE ESTUDIO			CASOS			
			VÁLIDO	PERDIDOS	TOTAL	
		N	PORCENTAJE	PORCENTAJE	N	PORCENTAJE
TIEMPO DE ELABORACIÓN (MIN) - *PRETEST*	Control	29	100%	0%	29	100%
	Experimental	29	100%	0%	29	100%
RESISTENCIA AL CIERRE - *PRETEST*	Control	29	100%	0%	29	100%
	Experimental	29	100%	0%	29	100%
COMPLECCIÓN FIGURATIVA - *PRETEST*	Control	29	100%	0%	29	100%
	Experimental	29	100%	0%	29	100%
ORIGINALIDAD - *PRETEST*	Control	29	100%	0%	29	100%
	Experimental	29	100%	0%	29	100%
ELABORACIÓN - *PRETEST*	Control	29	100%	0%	29	100%
	Experimental	29	100%	0%	29	100%
CONECTIVIDAD LINEAL - *PRETEST*	Control	29	100%	0%	29	100%
	Experimental	29	100%	0%	29	100%
CONECTIVIDAD TEMÁTICA - *PRETEST*	Control	29	100%	0%	29	100%
	Experimental	29	100%	0%	29	100%
CONECTIVIDAD EXPANSIVA - *PRETEST*	Control	29	100%	0%	29	100%
	Experimental	29	100%	0%	29	100%
FANTASÍA - *PRETEST*	Control	29	100%	0%	29	100%
	Experimental	29	100%	0%	29	100%
HABILIDAD GRÁFICA - *PRETEST*	Control	29	100%	0%	29	100%
	Experimental	29	100%	0%	29	100%

| GRUPO DE ESTUDIO | | | CASOS | | | |
| | | VÁLIDO | | PERDIDOS | TOTAL | |
		N	PORCENTAJE	PORCENTAJE	N	PORCENTAJE
SENTIDO DEL HUMOR - *PRETEST*	Control	29	100%	0%	29	100%
	Experimental	29	100%	0%	29	100%
FLUIDEZ GRÁFICA - *PRETEST*	Control	29	100%	0%	29	100%
	Experimental	29	100%	0%	29	100%
PUNTAJE TOTAL - *PRETEST*	Control	29	100%	0%	29	100%
	Experimental	29	100%	0%	29	100%
TIEMPO DE ELABORACIÓN (MIN) - *POSTEST*	Control	29	100%	0%	29	100%
	Experimental	29	100%	0%	29	100%
RESISTENCIA AL CIERRE - *POSTEST*	Control	29	100%	0%	29	100%
	Experimental	29	100%	0%	29	100%
COMPLECCIÓN FIGURATIVA - *POSTEST*	Control	29	100%	0%	29	100%
	Experimental	29	100%	0%	29	100%
ORIGINALIDAD - *POSTEST*	Control	29	100%	0%	29	100%
	Experimental	29	100%	0%	29	100%
ELABORACIÓN - *POSTEST*	Control	29	100%	0%	29	100%
	Experimental	29	100%	0%	29	100%
CONECTIVIDAD LINEAL - *POSTEST*	Control	29	100%	0%	29	100%
	Experimental	29	100%	0%	29	100%
CONECTIVIDAD TEMÁTICA - *POSTEST*	Control	29	100%	0%	29	100%
	Experimental	29	100%	0%	29	100%
	Control	29	100%	0%	29	100%

PARTE II: Como evaluar e identificar habilidades creativas

GRUPO DE ESTUDIO			VÁLIDO	PERDIDOS		TOTAL
		N	PORCENTAJE	PORCENTAJE	N	PORCENTAJE
CONECTIVIDAD EXPANSIVA - *POSTEST*	**Experimental**	29	100%	0%	29	100%
FANTASÍA - *POSTEST*	**Control**	29	100%	0%	29	100%
	Experimental	29	100%	0%	29	100%
HABILIDAD GRÁFICA - *POSTEST*	**Control**	29	100%	0%	29	100%
	Experimental	29	100%	0%	29	100%
SENTIDO DEL HUMOR - *POSTEST*	**Control**	29	100%	0%	29	100%
	Experimental	29	100%	0%	29	100%
FLUIDEZ GRÁFICA - *POSTEST*	**Control**	29	100%	0%	29	100%
	Experimental	29	100%	0%	29	100%
PUNTAJE TOTAL - *POSTEST*	**Control**	29	100%	0%	29	100%
	Experimental	29	100%	0%	29	100%

Fuente: elaboración propia.

Seguidamente, en la Tabla 9 se presenta un resumen con la estadística descriptiva de las variables cuantitativas (las dependientes para el programa SPSS®) en cada uno de los grupos establecidos (control y experimental). Se puede apreciar que existen diferencias entre las medias obtenidas para cada variable, en comparación con el tipo de grupo (control y experimental), sin embargo, la prueba t permitirá determinar si esta diferencia es significativa desde un punto de vista estadístico (Aguayo Canela, 2007). En la Tabla 9, se observa la estimación puntual de la media de cada una de las variables cuantitativas en ambos grupos, por ejemplo, para la variable tiempo de

94

elaboración (min) – *Pretest,* se tiene 31,62 para el grupo control vs 32,34 para el grupo experimental, así como sus intervalos de confianza, 25,95–37,28 en el grupo control vs 27,07–37,61 en el grupo experimental.

Estos valores son bastante superpuestos o traslapables, por lo que es muy improbable que las variables tiempo de elaboración (min) -*Pretest* y grupo estén relacionadas en la población (lo que conllevó a que los valores medios en ambos grupos fueran muy diferentes), el mismo aspecto se percibe en cada uno de los demás indicadores evaluados en la prueba ECG (Aguayo Canela, 2007).

Tabla 9. Resumen con la estadística descriptiva de las variables cuantitativas.

VARIABLE	GRUPO DE ESTUDIO			ESTADÍSTICO
TIEMPO DE ELABORACIÓN (MIN) - *PRETEST*	Control	Media		31,62
		95% de intervalo de confianza para la media	Límite inferior	25,95
			Límite superior	37,28
	Experimental	Media		32,34
		95% de intervalo de confianza para la media	Límite inferior	27,07
			Límite superior	37,61
	Control	Media		3,20

PARTE II: Como evaluar e identificar habilidades creativas

VARIABLE	GRUPO DE ESTUDIO			ESTADÍSTICO
RESISTENCIA AL CIERRE - *PRETEST*		95% de intervalo de confianza para la media	Límite inferior	2,11
			Límite superior	4,29
	Experimental	Media		3,31
		95% de intervalo de confianza para la media	Límite inferior	2,32
			Límite superior	4,29
	Control	Media		6,96
COMPLECCIÓN FIGURATIVA - *PRETEST*		95% de intervalo de confianza para la media	Límite inferior	6,20
			Límite superior	7,72
	Experimental	Media		6,96
		95% de intervalo de confianza para la media	Límite inferior	6,10
			Límite superior	7,83
ORIGINALIDAD - *PRETEST*	Control	Media		2,37
		95% de intervalo de confianza para la media	Límite inferior	1,92

VARIABLE	GRUPO DE ESTUDIO			ESTADÍSTICO
ELABORACIÓN - *PRETEST*	Experimental		Límite superior	2,83
		Media		2,41
		95% de intervalo de confianza para la media	Límite inferior	1,73
	Control		Límite superior	3,09
		Media		2,75
		95% de intervalo de confianza para la media	Límite inferior	1,91
CONECTIVIDAD LINEAL - *PRETEST*	Experimental		Límite superior	3,60
		Media		2,89
		95% de intervalo de confianza para la media	Límite inferior	2,09
	Control		Límite superior	3,69
		Media		2,89
		95% de intervalo de confianza para la media	Límite inferior	1,56
	Experimental		Límite superior	4,22
		Media		1,79

VARIABLE	GRUPO DE ESTUDIO		ESTADÍSTICO	
CONECTIVIDAD TEMÁTICA - *PRETEST*		95% de intervalo de confianza para la media	Límite inferior	0,84
			Límite superior	2,73
	Control	Media		3,51
		95% de intervalo de confianza para la media	Límite inferior	2,02
			Límite superior	5,00
	Experimental	Media		3,13
		95% de intervalo de confianza para la media	Límite inferior	1,77
			Límite superior	4,50
CONECTIVIDAD EXPANSIVA - *PRETEST*	Control	Media		2,58
		95% de intervalo de confianza para la media	Límite inferior	1,10
			Límite superior	4,07
	Experimental	Media		2,79
		95% de intervalo de confianza para la media	Límite inferior	1,39

VARIABLE	GRUPO DE ESTUDIO		ESTADÍSTICO	
FANTASÍA - *PRETEST*	Control		Límite superior	4,18
		Media		3,41
		95% de intervalo de confianza para la media	Límite inferior	2,97
			Límite superior	3,85
	Experimental	Media		3,17
		95% de intervalo de confianza para la media	Límite inferior	2,72
			Límite superior	3,61
HABILIDAD GRÁFICA - *PRETEST*	Control	Media		2,41
		95% de intervalo de confianza para la media	Límite inferior	1,98
			Límite superior	2,83
	Experimental	Media		2,89
		95% de intervalo de confianza para la media	Límite inferior	2,46
			Límite superior	3,33
	Control	Media		0,34

VARIABLE	GRUPO DE ESTUDIO			ESTADÍSTICO
SENTIDO DEL HUMOR - *PRETEST*		95% de intervalo de confianza para la media	Límite inferior	0,09
			Límite superior	0,59
		Media		0,48
	Experimental	95% de intervalo de confianza para la media	Límite inferior	0,12
			Límite superior	0,84
		Media		1,30
FLUIDEZ GRÁFICA - *PRETEST*	Control	95% de intervalo de confianza para la media	Límite inferior	0,87
			Límite superior	1,73
		Media		1,07
	Experimental	95% de intervalo de confianza para la media	Límite inferior	0,88
			Límite superior	1,26
PUNTAJE TOTAL - *PRETEST*	Control	Media		30,48
		95% de intervalo de confianza para la media	Límite inferior	25,26

VARIABLE	GRUPO DE ESTUDIO			ESTADÍSTICO
TIEMPO DE ELABORACIÓN (MIN) - *POSTEST*	Experimental		Límite superior	35,69
		Media		29,86
		95% de intervalo de confianza para la media	Límite inferior	25,00
	Control		Límite superior	34,71
		Media		25,79
		95% de intervalo de confianza para la media	Límite inferior	21,28
RESISTENCIA AL CIERRE - *POSTEST*	Experimental		Límite superior	30,30
		Media		24,00
		95% de intervalo de confianza para la media	Límite inferior	21,48
	Control		Límite superior	26,51
		Media		2,75
		95% de intervalo de confianza para la media	Límite inferior	1,79
	Experimental		Límite superior	3,72
		Media		3,34

VARIABLE	GRUPO DE ESTUDIO			ESTADÍSTICO
COMPLECCIÓN FIGURATIVA - *POSTEST*		95% de intervalo de confianza para la media	Límite inferior	2,31
			Límite superior	4,37
	Control	Media		7,51
		95% de intervalo de confianza para la media	Límite inferior	6,89
			Límite superior	8,14
	Experimental	Media		7,55
		95% de intervalo de confianza para la media	Límite inferior	6,98
			Límite superior	8,12
ORIGINALIDAD - *POSTEST*	Control	Media		2,58
		95% de intervalo de confianza para la media	Límite inferior	1,93
			Límite superior	3,24
	Experimental	Media		2,55
		95% de intervalo de confianza para la media	Límite inferior	2,06

VARIABLE	GRUPO DE ESTUDIO			ESTADÍSTICO
ELABORACIÓN - *POSTEST*	Control		Límite superior	3,03
		Media		3,10
		95% de intervalo de confianza para la media	Límite inferior	2,15
	Experimental		Límite superior	4,04
		Media		4,37
		95% de intervalo de confianza para la media	Límite inferior	3,54
CONECTIVIDAD LINEAL - *POSTEST*	Control		Límite superior	5,21
		Media		2,34
		95% de intervalo de confianza para la media	Límite inferior	1,13
	Experimental		Límite superior	3,55
		Media		1,62
		95% de intervalo de confianza para la media	Límite inferior	0,81
	Control		Límite superior	2,42
		Media		4,20

VARIABLE	GRUPO DE ESTUDIO			ESTADÍSTICO
CONECTIVIDAD TEMÁTICA - *POSTEST*		95% de intervalo de confianza para la media	Límite inferior	2,75
			Límite superior	5,66
	Experimental	Media		5,79
		95% de intervalo de confianza para la media	Límite inferior	4,58
			Límite superior	7,00
	Control	Media		2,68
CONECTIVIDAD EXPANSIVA - *POSTEST*		95% de intervalo de confianza para la media	Límite inferior	1,18
			Límite superior	4,19
	Experimental	Media		4,96
		95% de intervalo de confianza para la media	Límite inferior	3,52
			Límite superior	6,40
FANTASÍA - *POSTEST*	Control	Media		3,34
		95% de intervalo de confianza para la media	Límite inferior	2,84

VARIABLE	GRUPO DE ESTUDIO			ESTADÍSTICO
HABILIDAD GRÁFICA - *POSTEST*	Experimental		Límite superior	3,84
		Media		4,10
		95% de intervalo de confianza para la media	Límite inferior	3,52
			Límite superior	4,68
	Control	Media		3,13
		95% de intervalo de confianza para la media	Límite inferior	2,45
			Límite superior	3,81
	Experimental	Media		4,20
		95% de intervalo de confianza para la media	Límite inferior	3,66
			Límite superior	4,74
SENTIDO DEL HUMOR - *POSTEST*	Control	Media		0,37
		95% de intervalo de confianza para la media	Límite inferior	0,06
			Límite superior	0,69

VARIABLE	GRUPO DE ESTUDIO			ESTADÍSTICO
FLUIDEZ GRÁFICA *POSTEST* -	Experimental	Media		1,20
		95% de intervalo de confianza para la media	Límite inferior	0,61
			Límite superior	1,80
	Control	Media		1,66
		95% de intervalo de confianza para la media	Límite inferior	1,14
			Límite superior	2,17
PUNTAJE TOTAL *POSTEST* -	Experimental	Media		1,80
		95% de intervalo de confianza para la media	Límite inferior	1,50
			Límite superior	2,10
	Control	Media		32,06
		95% de intervalo de confianza para la media	Límite inferior	26,50
			Límite superior	37,63
	Experimental	Media		39,72
		95% de intervalo de confianza para la media	Límite inferior	34,66

VARIABLE	GRUPO DE ESTUDIO	ESTADÍSTICO	
		Límite superior	44,77

Fuente: elaboración propia.

El índice estadístico "Chi-cuadrado" permite llevar a cabo una prueba de independencia de variables, que es necesaria para interpretar los resultados obtenidos arrojados por el programa SPSS®, donde se han tabulado las variables grupo de estudio (experimental y control) con cada uno de los 11 indicadores de las pruebas ECG, para el *Pretest* y el *Postest* respectivamente, los resultados de este análisis se pueden observar en la Tabla 10.

Tabla 10. Pruebas de Chi-cuadrado.

	VALOR	DF	SIGNIFICACIÓN ASINTÓTICA (BILATERAL)
RESISTENCIA AL CIERRE - *PRETEST*	2,97[a]	9	0,96
COMPLECCIÓN FIGURATIVA *PRETEST*	10,10[a]	9	0,34
ORIGINALIDAD - *PRETEST*	7,64[a]	7	0,36
ELABORACIÓN - *PRETEST*	4,62[a]	8	0,79
CONECTIVIDAD LINEAL - *PRETEST*	6,49[a]	8	0,59
CONECTIVIDAD TEMÁTICA - *PRETEST*	6,76[a]	8	0,56
CONECTIVIDAD EXPANSIVA - *PRETEST*	1,95[a]	3	0,58
FANTASÍA - *PRETEST*	4,66[a]	6	0,58
HABILIDAD GRÁFICA - *PRETEST*	12,32[a]	7	0,09
SENTIDO DEL HUMOR - *PRETEST*	1,02[a]	3	0,79
FLUIDEZ GRÁFICA - *PRETEST*	58,00[a]	54	0,33
PUNTAJE TOTAL - *PRETEST*	37,20[a]	33	0,28
RESISTENCIA AL CIERRE - *POSTEST*	12,01[a]	9	0,21
COMPLECCIÓN FIGURATIVA - *POSTEST*	7,13[a]	6	0,30
ORIGINALIDAD - *POSTEST*	4,68[a]	7	0,69
ELABORACIÓN - *POSTEST*	18,28[a]	8	0,01

	VALOR	DF	SIGNIFICACIÓN ASINTÓTICA (BILATERAL)
CONECTIVIDAD LINEAL - *POSTEST*	8,53[a]	8	0,38
CONECTIVIDAD TEMÁTICA - *POSTEST*	12,56[a]	8	0,12
CONECTIVIDAD EXPANSIVA - *POSTEST*	9,32[a]	3	0,02
FANTASÍA - *POSTEST*	9,26[a]	5	0,09
HABILIDAD GRÁFICA - *POSTEST*	17,43[a]	7	0,01
SENTIDO DEL HUMOR - *POSTEST*	8,40[a]	4	0,07
FLUIDEZ GRÁFICA - *POSTEST*	56,00[a]	56	0,47
PUNTAJE TOTAL - *POSTEST*	38,33[a]	34	0,27

Fuente: elaboración propia.

De la información que provee el programa SPSS® de la Tabla 10 el índice más importante es el de la columna "Significación asintótica (bilateral)". Cuando un valor de este índice es menor a 0,05, se considera significativo y un valor mayor a 0,05 no es significativo.

Entonces, para todas aquellas variables, cuyos valores de la columna "Significación asintótica (bilateral)" que estén por encima 0,05, se concluye que la prueba "Chi-cuadrado" no fue significativa y, por lo tanto, las variables sí son independientes (Aguayo Canela, 2007).

Solo se presentaron los siguientes casos, que sí fueron significativos, los cuales fueron las variables:

- Elaboración – *Postest*.
- Conectividad Expansiva – *Postest*.
- Habilidad Gráfica – *Postest*.

Aunque, si se tiene en cuenta un nivel de significancia del 0,01, estas variables no serían significativas.

Comparación de datos

Las comparaciones realizadas con los datos son:

- Comparación *Pretest* y *Postest* para grupo experimental.
- Comparación *Pretest* y *Postest* para grupo control.
- Comparación *Pretest* (grupo experimental) y *Pretest* (grupo control).
- Comparación *Postest* (grupo experimental) y *Postest* (grupo control).

En la Tabla 11 se presenta la síntesis de los resultados obtenidos en cada una de las comparaciones realizadas. Para las dos primeras comparaciones, el análisis realizado en cada caso corresponde a la prueba t para muestras relacionadas, puesto que, en estos casos, tanto el *Pretest* como el *Postest* fue realizado al mismo grupo. Para las dos últimas comparaciones, se ejecutó el análisis de prueba t para muestras independientes, puesto que, en estos casos, se comparan los resultados obtenidos en las pruebas de grupos independientes.

Tabla 11. Resumen de resultados obtenidos en las comparaciones realizadas.

VARIABLE	*PRETEST - POSTEST* GRUPO CONTROL		*PRETEST - POSTEST* GRUPO EXPERIMENTAL		*PRETEST* (GRUPOS EXP Y CONT.)		*POSTEST* (GRUPOS EXP Y CONT.)	
	DIFERENCIAS SIGNIFICATIVAS		DIFERENCIAS SIGNIFICATIVAS		DIFERENCIAS SIGNIFICATIVAS		DIFERENCIAS SIGNIFICATIVAS	
	SI	NO	SI	NO	SI	NO	SI	NO
TE	x		x			x		x
RC		x		x		x		x
CF		x		x		x		x
OR		x		x		x		x
EL		x	x			x	x	
CL		x		x		x		x
CT		x	x			x		x
CE		x	x			x	x	
FA		x	x			x	x	
HG	x		x			x	x	
SH		x	x			x	x	
FG		x	x			x		x
PT		x	x			x	x	

Fuente: elaboración propia.

Todos los análisis fueron realizados con un nivel de significación de 0,05 o porcentaje del intervalo de confianza del 95%, es decir, que cuando el valor t se calcula mediante el paquete estadístico SPSS®, la significancia bilateral se proporciona como parte de los resultados y debe ser menor a 0,05.

De la Tabla 11 se puede observar que la comparación realizada en el *Pretest* y *Postest* para el grupo control, no presentó diferencias significativas en los indicadores evaluados, a excepción de la habilidad gráfica (Hg) y en la comparación realizada entre los *Pretest* (grupo experimental) y *Pretest* (grupo control) no se presentaron diferencias significativas en ninguno de los indicadores evaluados. Para las dos últimas comparaciones, se ejecutó el análisis de Prueba t para muestras independientes, puesto que, en estos casos, se comparan los resultados obtenidos en las pruebas de grupos independientes. Respecto a la comparación realizada en ambos grupos con relación a la prueba *Postest* (datos de columna derecha de la Tabla 11), de acuerdo con Sabino (1980), es posible que las diferencias significativas se hallan presentado por saturación de las pruebas *Pretest* y *Postest* realizadas al mismo grupo, manifestándose una posible actitud de rechazo progresivo por parte de cada uno de los integrantes de la muestra, esto debido posiblemente a que las personas tiendan a cansarse al ser sometidos a responder varias veces una misma prueba, lo que podría ocasionar respuestas en el *Postest* con base en lo respondido en el *Pretest*. También se puede presentar sesgo en aquellas personas que, obteniendo un muy buen puntaje en el *Pretest*, por cuestiones del azar tienden a disminuir su puntuación. Este caso también se presenta de manera inversa (quienes comienzan con un puntaje bajo, lo elevan en la segunda prueba). Otro aspecto para tener en cuenta es el periodo transcurrido entre el *Pretest* y el *Postest*, las personas pueden recordar cómo respondieron en la primera prueba del ECG, creando una falsa apreciación de lo que en realidad son (Hernández; Fernández; Baptista, 2014). En la comparación realizada entre los *Pretest* (grupo experimental) y *Pretest* (grupo control) mostrados en la Tabla 11 no se presentaron diferencias significativas en ninguno de los indicadores evaluados.

Estado de las habilidades creativas

Mediante el análisis paramétrico de la prueba t se determina si las diferencias entre las medias de los grupos experimental y control son significativas desde

PARTE II: Como evaluar e identificar habilidades creativas

un punto de vista estadístico, lo que permitirá identificar el estado de las habilidades creativas de los individuos que trabajan con el modelado CAD 3D.

Los resultados obtenidos del análisis paramétrico de la prueba t (Tabla 12) determinan si las diferencias entre las medias de los grupos experimental y control son significativas desde un punto de vista estadístico. Esto permitió identificar el estado de las habilidades creativas de los individuos que trabajaron con el modelado CAD 3D (grupo experimental). Todos los análisis fueron realizados con un nivel de significancia de 0,05 o porcentaje del intervalo de confianza del 95 %, es decir, que cuando el valor t se calcula mediante el paquete estadístico SPSS®, la significancia bilateral se proporciona como parte de los resultados y debe ser menor a 0,05.

Tabla 12. Comparación *Pretest* - *Postest* grupo experimental.

GRUPO DE ESTUDIO		MEDIA	DESVIACIÓN ESTÁNDAR	MEDIA DE ERROR ESTÁNDAR	95% DE INTERVALO DE CONFIANZA DE LA DIFERENCIA INFERIOR	SUPERIOR	T	GL	SIG. (BILATERAL)
					DIFERENCIAS EMPAREJADAS				
GRUPO EXP.	Tiempo de elaboración (min) - *Pretest* - Tiempo de elaboración (min) – *Postest*	8,34	14,07	2,63	2,99	13,69	3,19	28	0,00
	Resistencia al cierre - *Pretest* - Resistencia al Cierre – *Postest*	-0,03	2,14	0,39	-0,85	0,78	-0,08	28	0,93
	Complección Figurativa - *Pretest* - Complección Figurativa – *Postest*	-0,58	1,91	0,35	-1,31	0,14	-1,64	28	0,11
	Originalidad - *Pretest* -	-0,13	1,30	0,24	-0,63	0,35	-0,57	28	0,57

GRUPO DE ESTUDIO	DIFERENCIAS EMPAREJADAS							
	MEDIA	DESVIACIÓN ESTÁNDAR	MEDIA DE ERROR ESTÁNDAR	95% DE INTERVALO DE CONFIANZA DE LA DIFERENCIA		T	GL	SIG. (BILATERAL)
				INFERIOR	SUPERIOR			
Originalidad – *Postest* Elaboración - *Pretest* - Elaboración – *Postest*	-1,48	2,45	0,45	-2,41	-0,54	-3,24	28	0,00
Conectividad Lineal - *Pretest* - Conectividad Lineal – *Postest*	0,17	2,42	0,44	-0,74	1,09	0,38	28	0,70
Conectividad Temática - *Pretest* - Conectividad Temática – *Postest*	-2,65	4,01	0,74	-4,18	-1,12	-3,56	28	0,00
Conectividad Expansiva - *Pretest* - Conectividad Expansiva – *Postest*	-2,17	3,75	0,69	-3,59	-0,74	-3,11	28	0,00
Fantasía - *Pretest* - Fantasía – *Postest*	-0,93	1,30	0,24	-1,42	-0,43	-3,83	28	0,00
Habilidad Gráfica - *Pretest* - Habilidad Gráfica – *Postest*	-1,31	1,67	0,31	-1,94	-0,67	-4,22	28	0,00
Sentido del Humor - *Pretest* - Sentido del Humor - *Postest*	-0,72	1,66	0,30	-1,35	-0,09	-2,34	28	0,02
Fluidez Gráfica - *Pretest* - Fluidez Gráfica – *Postest*	-0,72	0,84	0,15	-1,04	-0,40	-4,63	28	0,00
Puntaje Total - *Pretest* -	-9,86	12,17	2,26	-14,49	-5,23	-4,36	28	0,00

GRUPO DE ESTUDIO	DIFERENCIAS EMPAREJADAS					T	GL	SIG. (BILATERAL)
	MEDIA	DESVIACIÓN ESTÁNDAR	MEDIA DE ERROR ESTÁNDAR	95% DE INTERVALO DE CONFIANZA DE LA DIFERENCIA				
				INFERIOR	SUPERIOR			
Puntaje Total - *Postest*								

Fuente: elaboración propia.

De acuerdo con los resultados mostrados en la Tabla 12, los indicadores que presentaron diferencias estadísticas significativas (significancia bilateral menor a 0,05) fueron: elaboración (El), conectividad temática (Ct), conectividad expansiva (Ce), fantasía (Fa), habilidad gráfica (Hg), sentido del humor (Sh), fluidez gráfica (Fg) y puntaje total (Pt). Por otra parte, se puede apreciar que los indicadores que no presentaron diferencias estadísticas significativas (significancia bilateral mayor a 0,05) fueron: resistencia al cierre (Rc), complección figurativa (Cf), originalidad (Or), conectividad lineal (Cl).

Establecer las diferencias significativas

Para establecer las diferencias significativas entre las habilidades creativas de los individuos objeto de investigación que apropian el modelado CAD 3D (grupo experimental) con el grupo de control, se ha realizado análisis de distribución de frecuencias descriptivas para ambos grupos, con cada uno de los indicadores evaluados en el instrumento ECG, para el grupo control se ha tenido en cuenta el *Pretest* y para el grupo experimental se ha tenido en cuenta el *Postest*. Se tuvo en cuenta aquellos indicadores del ECG que presentaron diferencias estadísticas significativas en el grupo experimental: elaboración (El), conectividad temática (Ct), conectividad expansiva (Ce), fantasía (Fa), habilidad gráfica (Hg), sentido del humor (Sh), fluidez gráfica (Fg) y puntaje

114

total (Pt). Para el grupo control se tuvo en cuenta el *Pretest* y para el grupo experimental se tuvo en cuenta el *Postest*.

Tabla 13. Frecuencias *Pretest-Postest* de indicador elaboración (El).

		FRECUENCIA	PORCENTAJE	PORCENTAJE ACUMULADO
GRUPO CONTROL - *PRETEST*	1	11	37,90	37,90
	2	6	20,70	58,60
	3	6	20,70	79,30
	4	1	3,40	82,80
	5	1	3,40	86,20
	7	3	10,30	96,60
	9	1	3,40	100
	Total	29	100	
GRUPO EXPERIMENTAL - *POSTEST*	1	2	6,90	6,90
	2	5	17,20	24,10
	3	4	13,80	37,90
	4	7	24,10	62,10
	5	2	6,90	69
	7	7	24,10	93,10
	8	2	6,90	100
	Total	29	100	

Fuente: elaboración propia.

PARTE II: Como evaluar e identificar habilidades creativas

Ilustración 21. Histogramas *Pretest -Postest* elaboración (El).

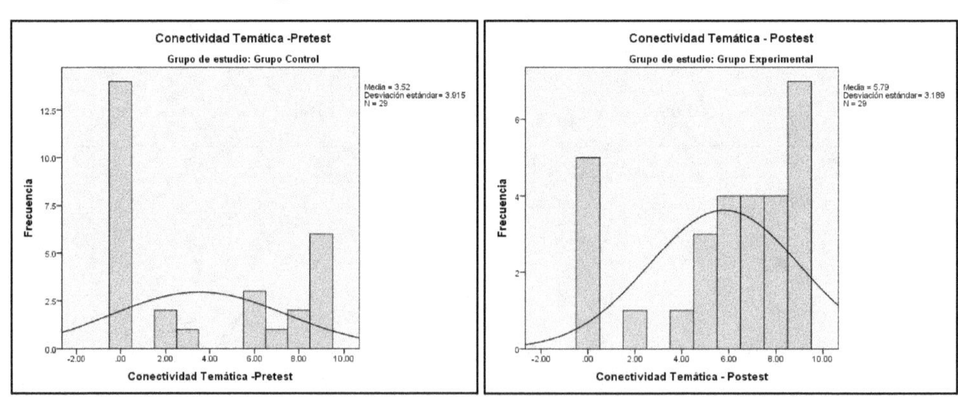

Fuente: García (2019).

Con el uso del modelado CAD 3D, se aumentó la media de 2,76 a 4,38 (Ilustración 21) para este indicador elaboración (El). De 37,90 % de estudiantes que presentaron una puntuación igual a 1, solo el 6.90% sigue con esta misma valoración después de trabajar con CAD 3D (Ilustración 21). De 3,40 % de los estudiantes que obtuvieron el máximo puntaje (9), con el uso del Modelado CAD 3D se aumentó al 6,90 % (Tabla 13).

Ilustración 22. Histogramas *Pretest -Postest* conectividad temática (Ct).

Fuente: García (2019).

Tabla 14. Frecuencias *Pretest-Postest* de indicador conectividad temática (Ct).

		FRECUENCIA	PORCENTAJE	PORCENTAJE VÁLIDO	PORCENTAJE ACUMULADO
GRUPO CONTROL	0	14	48,30	48,30	48,30
	2	2	6,90	6,90	55,20
	3	1	3,40	3,40	58,60
	6	GR3	10,30	10,30	69
	7	1	3,40	3,40	72,40
	8	2	6,90	6,90	79,30
	9	6	20,70	20,70	100
	Total	29	100	100	
GRUPO EXPERIMENTAL	0	5	17,20	17,20	17,20
	2	1	3,40	3,40	20,70
	4	1	3,40	3,40	24,10
	5	3	10,30	10,30	34,50
	6	4	13,80	13,80	48,30
	7	4	13,80	13,80	62,10
	8	4	13,80	13,80	75,90
	9	7	24,10	24,10	100
	Total	29	100	100	

Fuente: elaboración propia.

Para la conectividad temática (Ct), el uso del modelado CAD 3D aumentó la media, pasando de 3,52 a 5,79 (Ilustración 22). Asimismo, la desviación estándar en el grupo que trabajó con el modelado CAD tiene más uniformidad respecto al grupo control. Ahora, del 48,30 % de sujetos que presentaban una valoración igual a 0, con el uso del modelo CAD 3D se ha reducido al 17,20 % (Tabla 14), lo que ha representado una de las grandes diferencias en este indicador. Además, se puede observar cómo el grupo control presentó un porcentaje acumulado de 60 % con puntajes menores o iguales a 6, mientras que el grupo experimental con un 48,30% mostraba una valoración menor o igual 6 en los individuos. Esto indica que, para el grupo experimental, se aumentó la cantidad de sujetos que presentaron puntajes mayores a 6.

Ilustración 23. Histogramas *Pretest -Postest* conectividad expansiva (Ce).

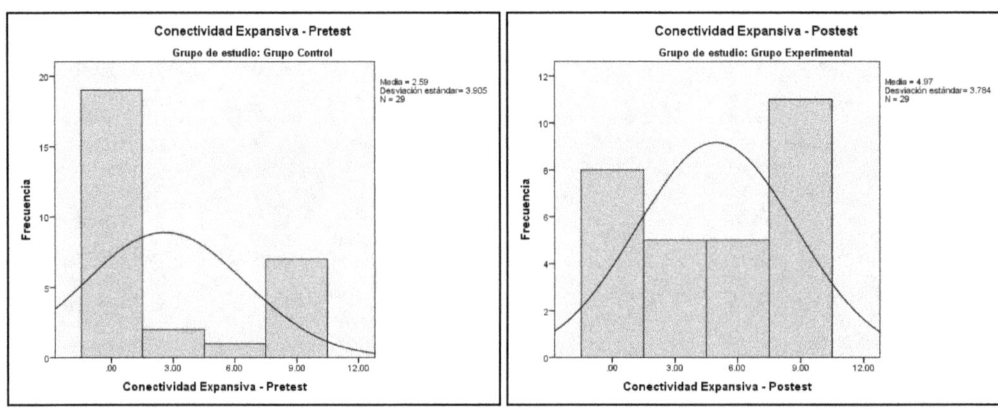

Fuente: García (2019).

Tabla 15. Frecuencias *Pretest-Postest* indicador conectividad expansiva (Ce).

		FRECUENCIA	PORCENTAJE	PORCENTAJE VÁLIDO	PORCENTAJE ACUMULADO
	0	19	65,50	65,50	65,50
	3	2	6,90	6,90	72,40
GRUPO CONTROL	6	1	3,40	3,40	75,90
	9	7	24,10	24,10	100
	Total	29	100	100	
GRUPO EXPERIMENTAL	0	8	27,60	27,60	27,60
	3	5	17,20	17,20	44,80

	6	5	17,20	17,20	62,10
	9	11	37,90	37,90	100
	Total	29	100	100	

Fuente: elaboración propia.

La conectividad expansiva (Ce), por el uso del modelado CAD 3D presentó un aumento en la media de 2,59 a 4,97 (Ilustración 23). También, permitió establecer que el 65,50% de los sujetos que presentaban una valoración igual a 0 presentan luego una disminución a 27,60 % (Ilustración 23), explicado de otra forma, de 19 sujetos con puntaje igual a 0, después de usar el modelado CAD 3D tan solo 8 sujetos aún presentan esta misma valoración. Igualmente, se presentó un aumento en los sujetos que tenían una valoración igual a 9, pasando del 24,10 % a 37,90 % (Tabla 15).

Ilustración 24. Histogramas *Pretest -Postest* fantasía (Fa).

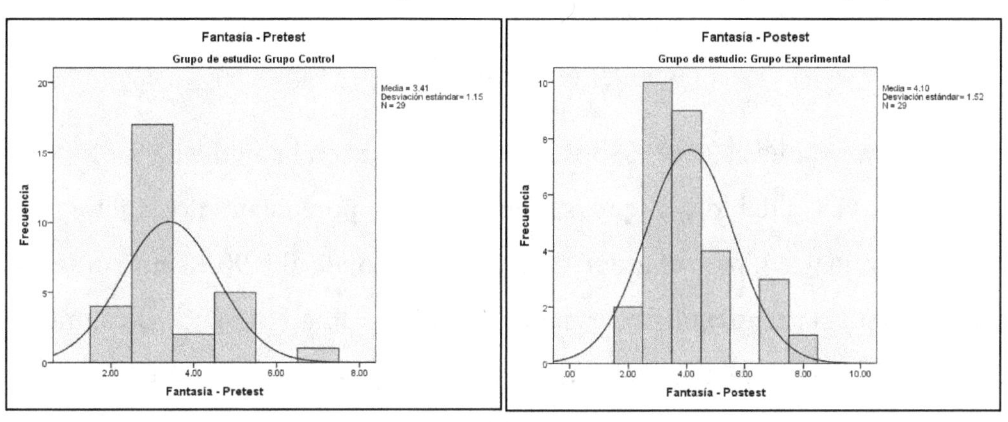

Fuente: García (2019).

Tabla 16. Frecuencias *Pretest - Postest* indicador fantasía (Fa).

		FRECUENCIA	PORCENTAJE	PORCENTAJE VÁLIDO	PORCENTAJE ACUMULADO
GRUPO CONTROL	2	4	13,80	13,80	13,80
	3	17	58,60	58,60	72,40
	4	2	6,90	6,90	79,30
	5	5	17,20	17,20	96,60
	7	1	3,40	3,40	100
	Total	29	100	100	
GRUPO EXPERIMENTAL	2	2	6,90	6,90	6,90
	3	10	34,50	34,50	41,40
	4	9	31	31	72,40
	5	4	13,80	13,80	86,20
	7	3	10,30	10,30	96,60
	8	1	3,40	3,40	100
	Total	29	100	100	

Fuente: elaboración propia.

Para la fantasía (Fa), se observó un aumento en la media de 3,41 a 4,10 (Ilustración 24), debido a que se aumentó el porcentaje de sujetos con valoración igual a 4, para el grupo control corresponde al 6,90 %, mientras que para el grupo experimental corresponde al 31 % (Tabla 16). Hubo un aumento en la valoración igual a 7, pasando de 1 a 3 sujetos. Para el primer grupo, se tenía un porcentaje acumulado del 72,40 % con valoración menor o igual a 3, mientras que para el segundo grupo se aprecia como disminuyó este porcentaje hasta el 41,40 % (Tabla 16).

Tabla 17. Frecuencias *Pretest-Postest* para indicador habilidad gráfica (Hg).

		FRECUENCIA	PORCENTAJE	PORCENTAJE VÁLIDO	PORCENTAJE ACUMULADO
GRUPO CONTROL	1	2	6,90	6,90	6,90
	2	19	65,50	65,50	72,40
	3	5	17,2	17,20	89,70
	4	2	6,90	6,90	96,60
	7	1	3,40	3,40	100
	Total	29	100	100	
GRUPO EXPERIMENTAL	2	1	3,40	3,40	3,40
	3	10	34,50	34,50	37,90
	4	9	31	31	69
	5	4	13,80	13,80	82,80
	6	1	3,40	3,40	86,20
	7	4	13,80	13,80	100
	Total	29	100	100	

Fuente: elaboración propia.

La habilidad gráfica (Hg) presentó un aumento en la media de 2,41 al 4,21 (Ilustración 25). Se puede apreciar cómo el 72,40 % (porcentaje acumulado) de los sujetos del grupo control, presentaba una valoración menor o igual a 2, mientras que para el grupo experimental se redujo esta cifra a tan solo el 3,40 % de los sujetos (Tabla 17). Además, del 3,40 % de los sujetos que presentaron una valoración igual a 7, gracias al modelado CAD, esta cifra ha aumentado hasta el 13,80 % (Tabla 17).

Ilustración 25. Histogramas *Pretest -Postest* habilidad gráfica (Hg).

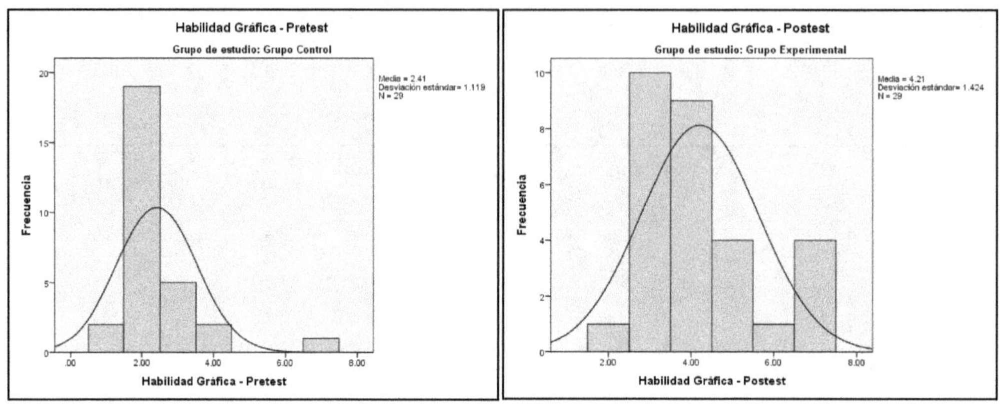

Fuente: García (2019).

Ilustración 26. Histogramas *Pretest -Postest* sentido del humor (Sh).

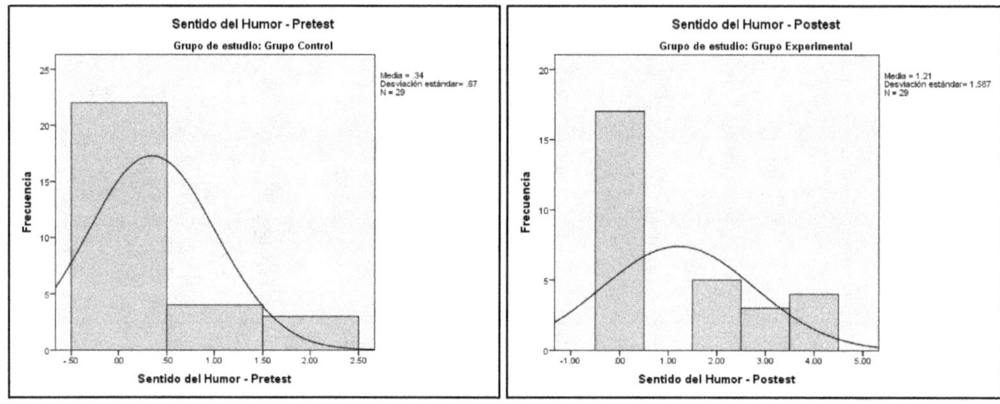

Fuente: García (2019).

El sentido del humor (Sh), a pesar de tener medias más bajas respecto a los demás indicadores, presentó diferencias significativas, ya que se observa un aumento en la media desde 0,34 al 1,21 (Ilustración 26). Mientras que para el grupo control se tenían un 75,90 % de los sujetos con una valoración igual a 0, para el grupo experimental se aprecia un porcentaje de 58,60 % (Tabla 18). Además, hay un aumento en los sujetos que presentaron una valoración mayor a 2, que para el grupo control corresponde al 0 %, mientras que para el grupo experimental existe un 10,30 % con una valoración de 3 y un 13.80 % con una valoración de 4, presentando un incremento del 24,10 % (Tabla 18).

Tabla 18. Frecuencias *Pretest-Postest* para indicador sentido del humor (Sh).

		FRECUENCIA	PORCENTAJE	PORCENTAJE VÁLIDO	PORCENTAJE ACUMULADO
GRUPO CONTROL	0	22	75,90	75,90	75,90
	1	4	13,80	13,80	89,70
	2	3	10,30	10,30	100
	Total	29	100	100	
GRUPO EXPERIMENTAL	0	17	58,60	58,60	58,60
	2	5	17,20	17,20	75,90
	3	3	10,30	10,30	86,20
	4	4	13,80	13,80	100
	Total	29	100	100	

Fuente: elaboración propia.

Ilustración 27. Histogramas *Pretest -Postest* fluidez gráfica (Fg).

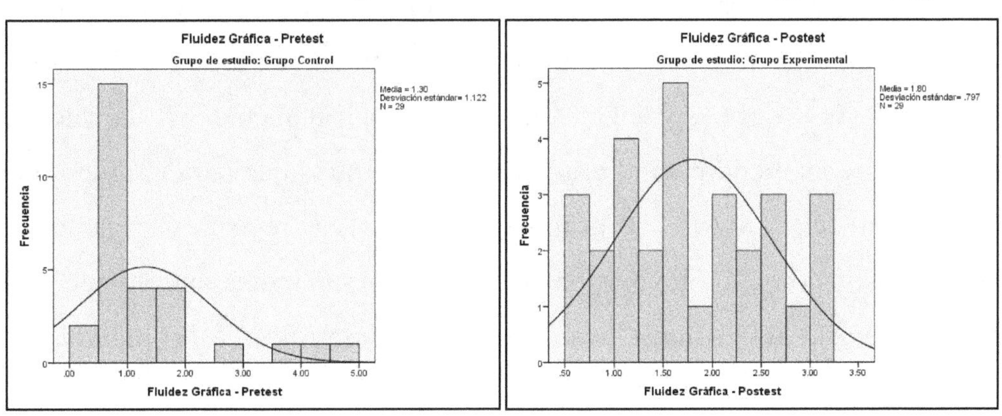

Fuente: García (2019).

PARTE II: Como evaluar e identificar habilidades creativas

La fluidez gráfica (Fg) presentó un aumento en la media, desde 1,30 al 1,80. Otro aspecto importante es que la desviación estándar que presentó una mayor uniformidad para el grupo experimental (0,79) respecto al grupo control (1,12) (Ilustración 27).

Ilustración 28. Histogramas *Pretest -Postest* puntaje total (Pt).

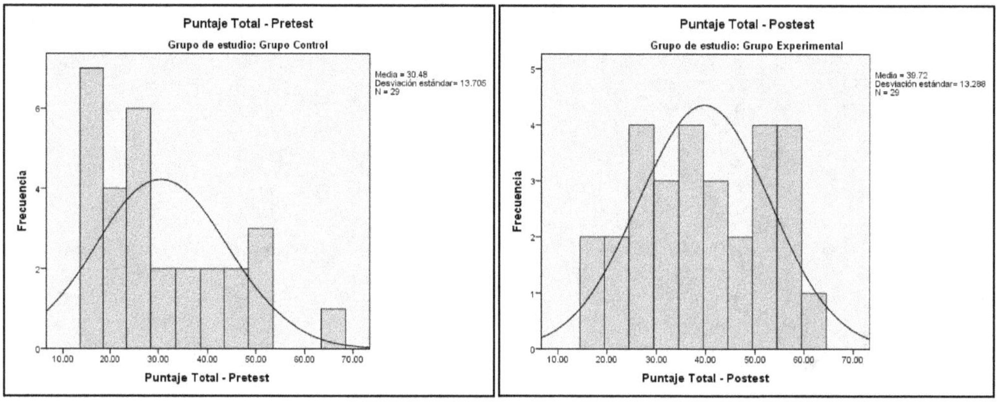

Fuente: García (2019).

A pesar de que no es considerado como un indicador de habilidad gráfica del ECG, el puntaje total (Pt) brinda una perspectiva holística de los resultados de las pruebas ECG aplicados a ambos grupos ya que corresponde a la sumatoria de cada uno de los puntajes obtenidos en los 11 indicadores evaluados. Se puede apreciar como existe un aumento en la media, registrándose un 30,48 para el grupo control, mientras que para el grupo que utilizó el modelado CAD 3D (grupo experimental) se registra una media de 39,72 (Ilustración 28). En términos generales esto indica que el uso del modelado CAD 3D estimula positivamente el desarrollo de las habilidades creativas en los individuos.

Análisis de resultados y discusión, hacia el uso de enfoques mixtos

En el presente apartado, el lector podrá observar cómo, en el contexto del estudio con enfoque cuantitativo llevado a cabo con el modelado CAD 3D (García Espinosa & Gómez Angarita, Desarrollo de habilidades creativas de los estudiantes como consecuencia del uso de herramientas TIC, 2020), se podrán utilizar los resultados obtenidos del análisis estadístico y confrontarlos con los soporte teóricos presentados en la *PARTE I: Creatividad, pensamiento, desarrollo humano y educación* , permitiéndose realizar una análisis comparativo para identificar los principales códigos-categorías asociados a los indicadores y los resultados, y así establecer los factores que permiten el desarrollo de habilidades creativas con como consecuencia del uso de la herramienta TIC de modelado CAD 3D.

Al presentarse diferencias significativas en varios indicadores evaluados, asociados a las habilidades creativas de los individuos, y, desde la perspectiva del desarrollo cognitivista de Piaget (como se menciona en Ovejero Hernández, 2013), se puede apreciar como el individuo, principalmente por la adaptación de las nuevas experiencias que ofrece el modelado CAD 3D a sus esquemas existentes; se ha permitido ajustar o modificar estos esquemas, permitiéndose el desarrollo humano a través de los procesos mentales que implican percepción, pensamiento, memoria, inteligencia y atención, y que se identifican como los factores que desarrollaron los estudiantes. A través de los receptores sensoriales (Ovejero Hernández, 2013) principalmente el ojo (Ilustración 29), proporcionan información de los hechos ocurridos en el entorno (información para la apropiación del modelado CAD 3D), proporcionando sensaciones exteroceptivas visuales, por lo que el modelado CAD, en vez de simplemente proporcionar solo sensación, por el contrario, provee información para la interpretación y significado, lo que conlleva a las actividades relacionadas con la percepción (selección, organización e interpretación).

Ilustración 29. Procesos mentales desarrollados por el modelado CAD 3D.

Fuente: elaboración propia.

Por la forma en que se brindó la intervención al grupo experimental, al desarrollarla de manera seriada, es decir, cada nuevo tema que se abordaba estaba relacionado con los temas previos y consiguientes, de acuerdo con Ovejero Hernández (2013), obliga al individuo al uso de la memoria (registro, almacenamiento y recuperación de la información), llevando al uso del pensamiento, permitiendo al individuo analizar, comprender, coordinar ideas, imágenes, conceptos, y símbolos, en este caso además permite solucionar problemas, razonar y crear (Ilustración 29).

El grupo experimental se intervino, manteniendo un modelo didáctico basado en estrategias y técnicas bajo una metodología activa, buscando favorecer el aprendizaje individual , autónomo, grupal cooperativo y colaborativo; claramente es determinable que cada contenido de la intervención fue abordado de manera seriada, y cada nuevo tema estaba relacionado previamente con los prerrequisitos; de acuerdo con Ovejero Hernández (2013), esto permite en el individuo el uso de la memoria (registro, almacenamiento y recuperación de la información), obligando a que el pensamiento del sujeto, analice, comprenda, coordine ideas, imágenes, conceptos y símbolos, que llevan a la metacognición (Ilustración 30).

Ilustración 30. Uso de la memoria en el modelado CAD 3D.

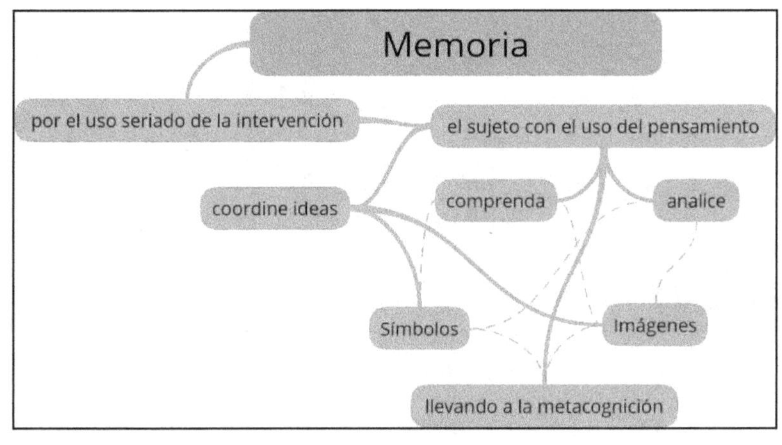

Fuente: elaboración propia.

Como se muestra en la Ilustración 31, al presentar pistas visuales por medio de modelos 3D, se desarrollan los procesos asociados al pensamiento visual; expandiendo ideas creativas, que de acuerdo con Villafañe & Mínguez (2014), se dan por el uso de mecanismos mentales tales como la exploración activa, completamiento, simplificación, síntesis, corrección, selección y conceptualización. El concepto de abstracción visual, se utiliza en el modelado CAD 3D cuando se presentan algunos rasgos que sean suficientes para restituir la identidad del objeto (abstracción visual esencial), y a partir de estos rasgos representados poder recuperar todos aquellos que la abstracción ha omitido (abstracción visual generativa), a partir de ellas, se produce el proceso de homologación estructural entre el estímulo (modelo 3D) y el patrón (concepto visual de un objeto que sirve de referencia a una clase) almacenado en la memoria.

Ilustración 31. El pensamiento visual y su relación con el pensamiento visual.

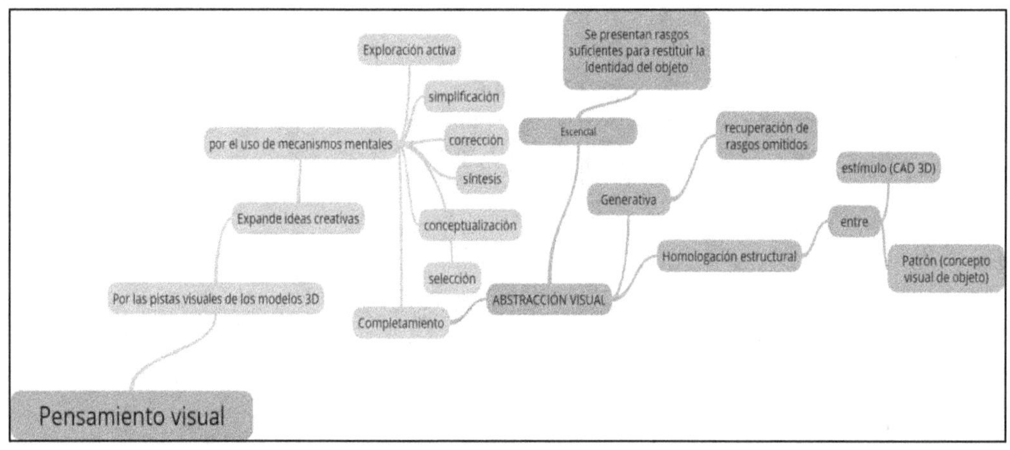

Fuente: elaboración propia.

El modelado CAD 3D, como un medio de expresión gráfica, permite la comunicación, intervención, transformación y elaboración sobre un entorno de estudio (objeto), aportando al desarrollo del pensamiento de diseño descrito por Jiménez Narváez (1998), quien lo define como un proceso de conceptualización, proyección o un pensamiento productivo develado por la visualización, intuición, imaginación, generación de ideas y creatividad (Ilustración 32).

Ilustración 32 Pensamiento de diseño y modelado CAD 3D.

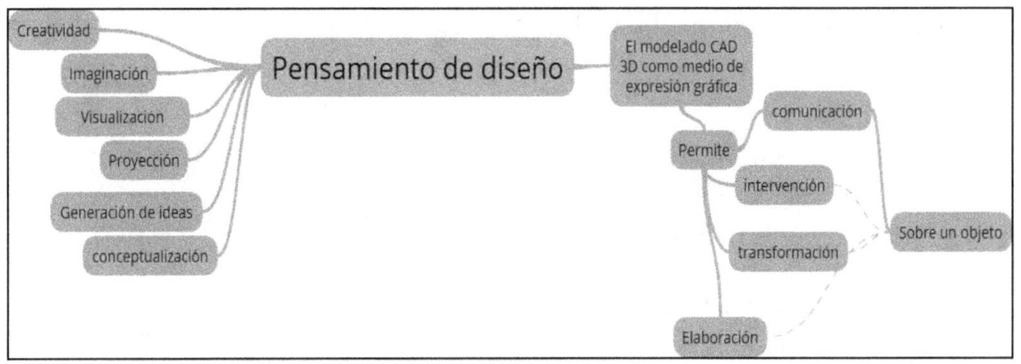

Fuente: elaboración propia.

Para la resolución de problemas (Ilustración 33), el modelado CAD 3D plantea situaciones, donde el individuo debe elegir de varias opciones (técnicas de modelado de sólidos), cuál es la más adecuada para alcanzar un objetivo o finalidad. Por esta razón, desde la perspectiva del pensamiento lateral (De Bono, 1993), el modelado CAD 3D aborda la solución de problemas de primer y segundo tipo. El primer tipo de problemas se pueden solucionar a través del pensamiento lógico (uso de técnicas de modelado), y el segundo con técnicas de pensamiento lateral (Reordenación de la información, reestructuración de las técnicas de modelado); el individuo cuando utiliza el modelado CAD 3D, recurre inicialmente a las técnicas más eficaces, pero también, debe analizar y hacer un reordenamiento de estas técnicas, reestructurándolas para poder lograr el modelo 3D requerido. El modelado CAD 3D, permite resolver problemas que requieren información espacial, se logra a través de imágenes mentales especialmente de tipo visual, y se evidencia cuando se pretende distribuir espacios y localizar objetos concretos en lugares precisos. En los ejercicios planteados para el modelado CAD 3D, el individuo debe recurrir a dichas imágenes para poder modelar y solucionar el problema que se plantea, partiendo principalmente de un estímulo que se presenta a través del lenguaje visual descrito por Acaso (2009), que puede ser una información gráfica, producto visual, desarrollo plástico, texto icónico, artefacto o una representación visual.

Ilustración 33. Modelado CAD 3D y la resolución de problemas.

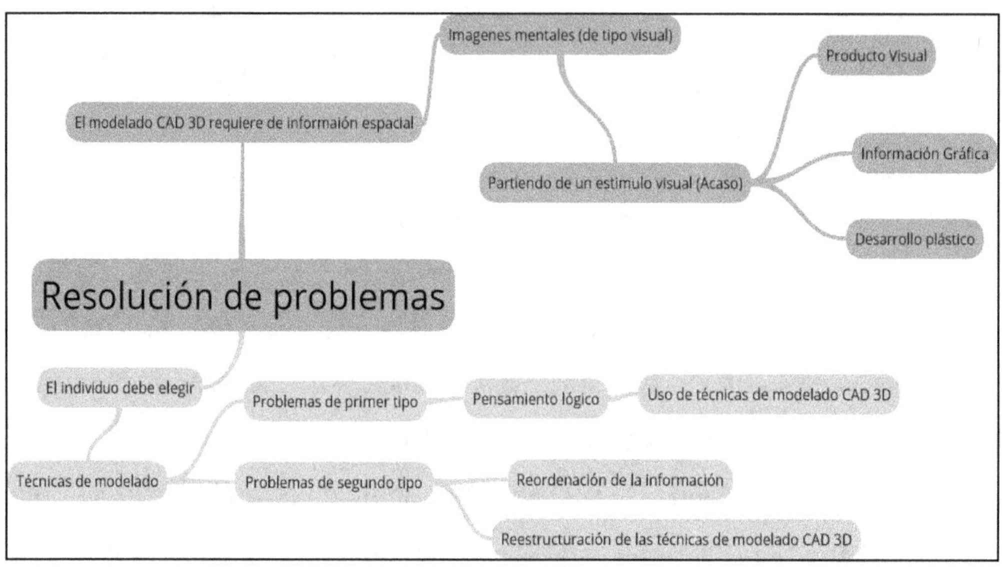

Fuente: elaboración propia.

Para el desarrollo de habilidades creativas, el modelado CAD 3D hace uso de las representaciones tridimensionales y utiliza las dos herramientas del lenguaje visual descritas por Acaso (2009). Las primeras son herramientas de configuración donde el individuo debe referenciar el tamaño, la forma, color, iluminación y textura. Las segundas son herramientas de organización, donde el individuo referencia la composición de las técnicas de modelado a utilizar para dar significado a cada uno de los componentes del sólido (Ilustración 34).

Un objeto, al ser comunicador y vehículo portador de signos de mensajes y de expresiones, se convierte en elementos que permiten ser percibidos (Pineda Cruz, Sanchez Valencia, & Amarilles Ospina, 1998) y utilizados por el sujeto, que busca su representación digital mediante el modelador CAD 3D para así copiarse, diseñarse y proyectarse; por lo tanto, es considerado como un discurso para integrar e interactuar ideas asociadas a las estrategias de modelado, para llevar a cabo el modelo propuesto, logrando aprendizaje, memoria y conocimiento (Ilustración 34).

Ilustración 34. Lenguaje Visual y modelado CAD 3D.

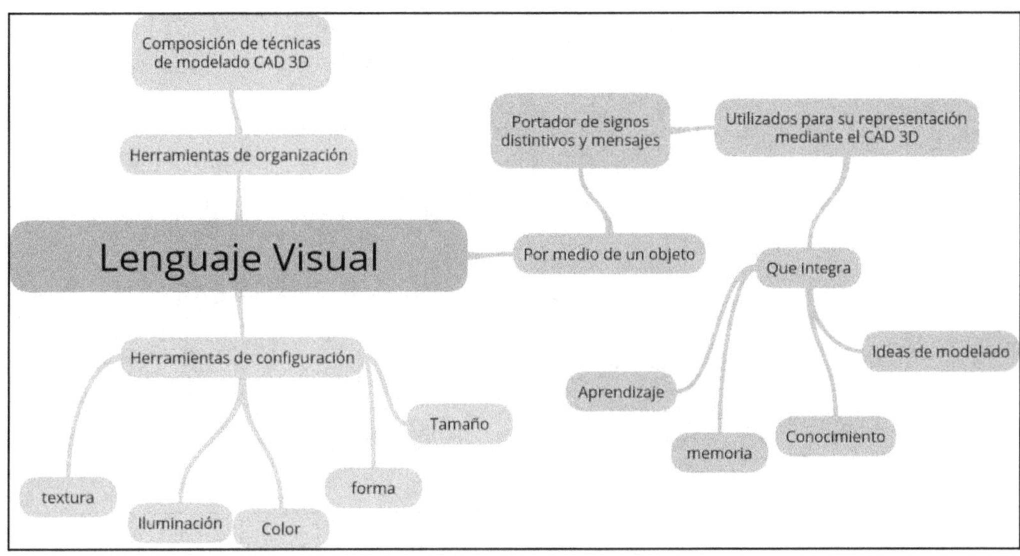

Fuente: elaboración propia.

En la Ilustración 35 se puede observar la síntesis de acuerdo con cada uno de los indicadores que presentaron diferencias significativas.

Ilustración 35. Relación de los indicadores evaluados con el modelado CAD 3D.

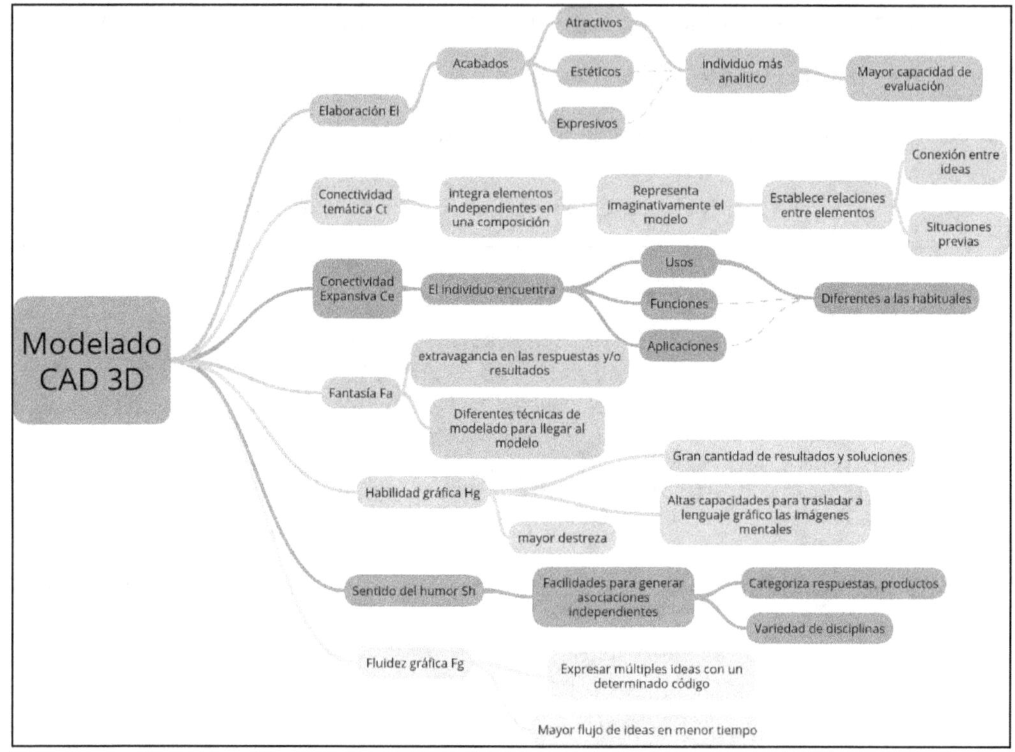

Fuente: elaboración propia.

El indicador elaboración (El), está asociado al individuo con capacidades más analíticas y que presta más atención a los elementos secundarios y habilidades para expresar con mayor detalle sus ideas (De la Torre; Violant, 2006). El modelado CAD 3D aporta herramientas que contribuyen al individuo a poder representar acabados más atractivos, expresivos, estéticos y ricos en sugerencias. Estos acabados suponen más dedicación y esfuerzo. El individuo puede prestar más atención a los elementos secundarios o a los detalles, en otras palabras, el modelado contribuye a que el sujeto sea más analítico, por lo que mejora su capacidad para la evaluación de alternativas en la solución de problemas (García, 2019).

La conectividad temática (Ct) es un indicador asociado a la capacidad del individuo para representar imaginativamente la escena que quiere dibujar antes de hacerlo, con capacidad de sobrepasar el estímulo más allá de lo que la estructura gráfica sugiere (De la Torre; Violant, 2006) los individuos que trabajan el modelado CAD 3D, de acuerdo con Armheim (1986) integran elementos independientes en una composición, representándose imaginativamente el modelo que se quiere realizar antes de hacerlo y con la capacidad de sobrepasar el estímulo más allá de lo que la estructura gráfica sugiere. Esto permite desarrollar la capacidad creativa de establecer relaciones entre elementos, haciendo referencia a la conexión entre ideas o situaciones previas hacia una nueva situación o problema que se plantee (García, 2019).

La conectividad expansiva (Ce), indicador que permite reconocer en el individuo expansión, iniciativa y aceptación de riesgo, cierto grado de inconformismo y tolerancia a lo complejo, disposición para romper limitaciones y bloqueos perceptivos, prejuicios, convencionalismos, marcos de referencia, posibilitando con ello encontrar nuevas soluciones a los problemas (De la Torre & Violant, 2006). El modelado CAD 3D, permite en el individuo encontrar nuevas soluciones a los problemas, desarrollando rasgos propios de las personas creativas tales como la iniciativa, aceptación del riesgo, cierto grado de inconformismo y tolerancia a lo complejo. Esto permite que el individuo encuentre usos, funciones y aplicaciones diferentes a las habituales, ampliando el abanico de posibles soluciones a muchos problemas (García, 2019).

Para la fantasía (Fa), indicador que permite indagar las fronteras del pensamiento divergente (De la Torre & Violant, 2006), se sugiere que los individuos que representaron espacialmente objetos mediante el modelado CAD 3D, llevaron la originalidad a sus límites extremos entre la pertinencia de la respuesta y la extravagancia, logrando así dar la mayor cantidad de respuestas posibles sin tener en cuenta la plausibilidad y sin juzgar todas las alternativas generadas, característica de personas altamente creativas (García, 2019).

La habilidad gráfica (Hg), indicador asociado a la capacidad del individuo destacándose en originalidad, conectividad y fluidez (De la Torre & Violant, 2006). El modelado CAD 3D permite que, el individuo posea habilidades mejoradas en su destreza y capacidades para trasladar a lenguaje gráfico las imágenes mentales, donde se tiende también a destacar en originalidad, conectividad y fluidez. El desarrollo de este indicador permite al sujeto mostrar habilidades creativas para generar una gran cantidad de repuestas y soluciones a un problema planteado (García, 2019).

El sentido del humor (Sh), indicador asociado a la capacidad del individuo para generar asociaciones de temas o situaciones independientes (De la Torre; Violant, 2006), con el uso del modelado CAD 3D, el individuo desarrolla facilidades para generar asociaciones independientes unidas inesperadamente gracias a la flexibilidad del pensamiento y el uso de relaciones forzadas. Además, el individuo categoriza las respuestas; los productos, puede responder a una gran variedad de categorías y disciplinas, esto permite que no solo se ofrezca un argumento, sino muchos y variados (García, 2019).

La fluidez gráfica (Fg), indicador asociado a la facilidad que tienen los individuos para expresar múltiples ideas con un determinado código (De la Torre & Violant, 2006). El modelado CAD 3D mejora en el individuo la capacidad de expresar múltiples ideas con un determinado código, siempre y cuando se encuentre en una habilidad de dominio específico. Como el factor que más influyó en la evaluación de este indicador fue el tiempo, se puede concluir que el uso del modelado CAD 3D, permitió que el grupo evaluado (grupo experimental) mejorara su capacidad en ofrecer mayor flujo de ideas en una menor cantidad de tiempo, generando un trabajo intenso y de carácter creativo en un estado de conciencia enfocada (García, 2019).

Se identifican diferentes factores que desarrollan la creatividad en los individuos con el uso del modelado CAD 3D, tales como el pensamiento y la abstracción visual por las pistas visuales que ofrecen los modelos 3D, expandiendo ideas creativas a partir de esas pistas, y, de acuerdo con Villafañe & Mínguez (2014), se dan por el uso de mecanismos mentales tales como exploración activa, completamiento, simplificación, síntesis, corrección, selección y conceptualización. La resolución de problemas se aborda inicialmente a través de las imágenes mentales especialmente de tipo visual en los ejercicios planteados para el modelado CAD 3D, el individuo debe recurrir a dichas imágenes para poder modelar y solucionar el problema que se plantea, partiendo principalmente de un estímulo que se presenta a través del lenguaje visual descrito por Acaso (2009), que puede ser una información gráfica, producto visual, desarrollo plástico, texto icónico, artefacto visual o una representación visual.

Capítulo cinco: Estudios comprensivos para medir el impacto de las herramientas TIC

Por datos cualitativos entendemos cualquier forma textual, visual y multimedia de información no numérica, y los enfoques cualitativos, en general, pretenden interpretar datos mediante la identificación y emergencia de temas, conceptos, procesos y contextos que son codificados a fin de construir teorías o modelos (Carrero Planes, Soriano Miras, & Trinidad Requena, 2012).

Una investigación involucra el análisis cuidadoso a través de diferentes grupos de documentos, notas, memos, archivos multimedia, el examen y comparación respecto a una línea de investigación. De acuerdo con Padilla Beltrán, Vega Rojas, & Rincón Caballero (2014), es necesario asumir que los datos (documentos revisados) corresponden a discursos textuales normalizados con representaciones y visiones susceptibles de ser analizadas, más aún, es labor de los investigadores identificar su sentido e importancia frente a los objetivos de la investigación. En el presente capítulo el lector podrá entender cómo se puede investigar el desarrollo de habilidades creativas como consecuencia del uso de herramientas TIC, desde el enfoque cualitativo, y en el contexto de la Teoría Fundamentada, el cual permitirá identificar códigos-categorías emergentes del proceso de investigación.

Para llevar a cabo esta tarea, se presenta la herramienta informática ATLAS.Ti®, como apoyo para el análisis y desarrollo de las fases típicas de un proyecto de investigación: configuración, codificación, gestión y consulta de datos, seguido del diseño metodológico Teoría Fundamentada, recomendada para llevar a cabo este tipo de investigaciones.

Soporte informático en la gestión de la información cualitativa

Un proyecto típico involucra el análisis cuidadoso a través de grandes conjuntos de diversos documentos, notas y archivos multimedios, y el examen y comparación de tales fuentes con respecto a una línea específica de investigación. Sus datos de origen pueden ser documentos de texto (tales como entrevostas, artículos, informes); imágenes (fotos, capturas de pantalla, diagramas), grabaciones de audio (entrevistas, transmisiones, música), videoclips (material audiovisual), archivos PDF (documentos, folletos, informes) e incluso datos geográficos (datos de ubicación comediante Google Earth) (S, 2012).

Los paquetes de análisis estadísticos usados en ciencias sociales analizan los datos cuantitativos, mientras que los software para el análisis de datos cualitativos asistidos por el ordenador, mejor conocidos como Computer Assisted Qualitative Data Analysis (CAQDAS) tienen como finalidad ofrecer un instrumento de ayuda y apoyo en el proceso de análisis e interpretación de los datos no estructurados, el instrumento de análisis es el investigador social (Carrero Planes, Soriano Miras, & Trinidad Requena, 2012).

Codificar es la actividad básica en la que se participa al usar ATLAS.ti ® y es la base de todo lo demás que va a hacer. En términos prácticos, codificar se refiere al proceso de asignación de categorías, conceptos o "códigos" a segmentos de información que son de interés para sus objetivos de investigación (S, 2012). El ATLAS.ti® es una herramienta permeable que permite abordar todas las etapas de un proyecto de investigación.

Entre las ventajas de gestionar la información, se permite superar la tediosa tarea de realizar manualmente todo el proceso de codificación, con todo lo que ello supone. El análisis de datos se produce de modo cíclico, en un continuo ir y venir de los datos o documentos primarios a los códigos y viceversa. El computador facilita esta tarea de forma que la identificación de una categoría no supone una pérdida de tiempo. Al poder profundizar en los datos se buscan las relaciones y conexiones tan necesarias en la emergencia de modelos o de teoría (Carrero Planes, Soriano Miras, & Trinidad Requena, 2012).

De acuerdo con Muñoz Justicia y Sahagún (Como se citan en Carrero Planes, Soriano Miras, & Trinidad Requena, 2012), la potencialidad que ofrecen los CAQDAS son: gestionar grandes volumenes de datos, almacenar de forma organizada la información elaborada durante el análisis, segmentar, codificar y recuperar fragmentos significativos de nuestro material empírico, y elaborar anotaciones del proceso y los resultados del análisis.

Recogiendo lo propuesto por Padilla Beltrán, Vega Rojas, & Rincón Caballero (2014), el investigador juega un papel importante, en tanto él es quien tiene la experiencia y nivel de inferencia sobre el objeto de estudio, para la Teoría Fundamentada (que se propone en el siguiente apartado), se necesita que el investigador tenga un referente idóneo sobre el objeto de estudio; es decir, lo haya investigado bajo otra problemática, enfoque o situación contextual, y desde sus concepciones y percepciones de la realidad las categorías emergentes de los datos analizados van tomando su significado, frente a los objetivos de investigación social.

Teoría Fundamentada

La contribución de la Teoría Fundamentada al análisis cualitativo dirige la atención hacia el proceso de conceptualización basado en la emergencia de patrones sociales a partir de los datos de investigación. Este proceso cumple dos requisitos básicos. Primero, los conceptos son abstractos en relación con el tiempo, los lugares y las personas; y, segundo, los conceptos son perdurables en su alcance teórico (Carrero Planes, Soriano Miras, & Trinidad Requena, 2012).

De las propias palabras de Glaser (comos se cita en Carrero Planes, Soriano Miras, & Trinidad Requena, 2012) la Teoría Fundamentada es una metodología de análisis, unida a la recogida de datos, que utiliza un conjunto de métodos, sistemáticamente aplicados, para generar una teoría inductiva sobre un área sustantiva. El producto de investigación final constituye una formulación teórica, o un conjunto integrado de hipótesis conceptuales, sobre el área sustantiva que es objeto de estudio.

La finalidad de la Teoría Fundamentada es la emergencia de teoría inductiva sobre un área sustantiva, y que, aun pudiendo trabajar con datos cualitativos, tiene como finalidad la emergencia de un grupo de hipótesis conceptuales (Carrero Planes, Soriano Miras, & Trinidad Requena, 2012). En la Tabla 19, se muestra una síntesis de los principales términos utilizados por la Teoría Fundamentada.

Tabla 19. Descripción de elementos de la Teoría Fundamentada.

CONCEPTO	DESCRIPCIÓN
INCIDENTE	Es aquella porción de contenido que el investigador aísla y separa por aparecer o surgir allí uno de los símbolos, o palabras clave o temas que se consideran oportunos desde los propios datos (citación)
CÓDIGO-CATEGORÍA	Es un elemento de clasificación que se asocia a la descripción y/o explicación de los incidentes, representa un fenómeno, un problema, un asunto, un acontecimiento o un suceso que se define como significativo.
CODIFICACIÓN "LÍNEA A LÍNEA" O ABIERTA	Es el proceso de abordar el documento primario con el fin de desnudar conceptos, ideas y sentidos.
CODIFICACIÓN AXIAL	Proceso de identificación de relaciones entre las categorías obtenidas en la codificación abierta.
CÓDIGO IN-VIVO	Se generan directamente del lenguaje sustantivo, es decir, de los datos en bruto que corresponden a incidentes.
FAMILIAS	Proporcionan un marco teórico para analizar las causas, condiciones, consecuencias de acciones y/o del comportamiento dentro de un contexto específico. También son aquellas asociaciones de códigos que guardan relación entre sí.
CODIFICACIÓN SELECTIVA	Es el proceso mediante el cual se obtiene una categoría central que exprese el fenómeno de la investigación e integre las categorías y subcategorías de la codificación abierta y axial.
CATEGORÍA CENTRAL	Con este término se hace referencia a aquella categoría o código que permite vislumbrar la unión o relación entre conceptos teóricos, con el fin de ofrecer una explicación teórica del fenómeno estudiado. Este suele ser la base del tema principal objeto de investigación, el cual va a resumir un patrón de comportamiento. Debe ser explicado en términos de su importancia y en relación con otras categorías de base.
TEORÍA SUSTANTIVA	Se genera la misma a través de un proceso sistemático y simultáneo de recolección y análisis de datos. Hace referencia al área empírica propia de la investigación llevada a cabo
TEORÍA FORMAL	Se genera a partir de teorías sustantivas, por lo que es fundamentada en los datos, la cual constituye un sistema de relaciones que ofrece una explicación de mayor nivel de abstracción del problema de investigación. Se pasa aquí del análisis descriptivo a una interpretación conceptual o teórica.
MÉTODO COMPARATIVO CONSTANTE	Es la búsqueda de semejanzas y diferencias a través del análisis de los incidentes contenidos en los datos. De esta comparación el investigados puede generar conceptos y sus características.
MUESTREO Y SATURACIÓN TEÓRICA	En etapas iniciales el muestreo debe estar abierto ya que el investigador va indagando sobre aquellas situaciones que probablemente proporcionen información relevante. La saturación teórica se alcanza cuando el investigador entiende que los nuevos datos comienzan a ser repetitivos y dejan de aportar información novedosa.
MEMOS	Éstos permiten hablar a las categorías y sus relaciones. Pueden ser descripciones de la investigación, del comportamiento, de la experiencia del investigador o de las

CONCEPTO	DESCRIPCIÓN
	penetraciones teóricas que ocurren a través del proceso analítico. El requisito indispensable es que se deben escribir conforme se piensan. Ej.: Memo analítico, memo procesual, memo teórico, memo metodológico

Fuente: elaboración propia, sintetizado de Carrero Planes, Soriano Miras, & Trinidad Requena (2012) y Cantero (2014).

La Ilustración 36 sintetiza las principales etapas o elementos de la Teoría Fundamentada.

Ilustración 36. Elementos de la Teoría Fundamentada.

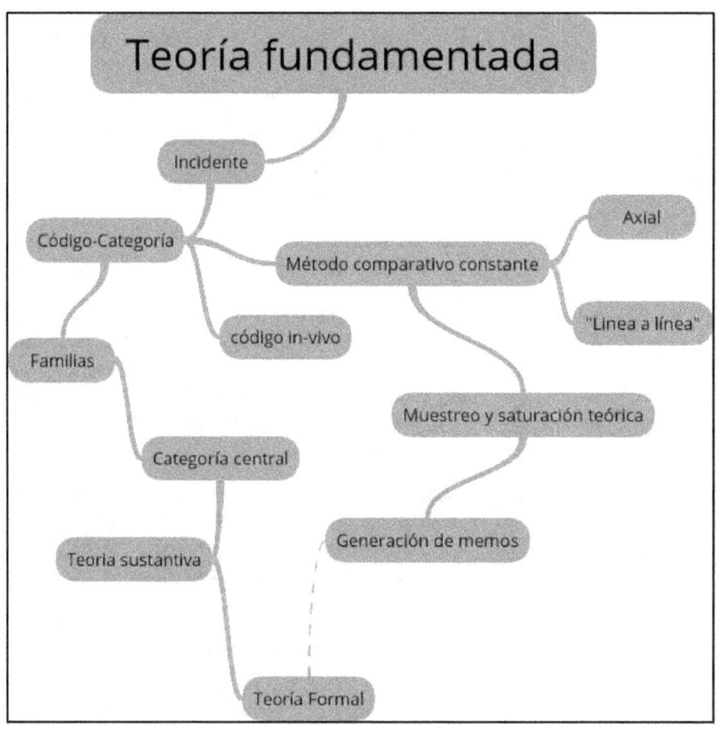

Fuente: elaboración propia.

La Teoría Fundamentada se propone como una metodología de fácil implementación para el desarrollo de investigaciones sobre el desarrollo de las habilidades creativas en los individuos por el uso de herramientas TIC, ya que se pueden llevar a cabo procesos de observación y entrevistas que permitan llegar a un punto de saturación teórica, además, el uso de CAQDAS permite generar preguntas adicionales que generan discusión más completa.

En la Teoría Fundamentada, cada paso de la codificación (abierta, axial y selectiva) tiene un espacio en los CAQDAS, por lo que se presentará en siguiente apartado el Atlas.ti®, como una de las herramientas más potentes para el apoyo en el análisis de datos cualitativos, y que de acuerdo con Cantero (2014), aporta a la construcción de la teoría formal ayudando al proceso de saturación teórica, ya que permite recoger e interactuar con documentos primarios de diferente naturaleza (videos, audios, fotos, y documentos de texto).

Uso de Atlas.ti® como herramienta de apoyo para el desarrollo de la Teoría Fundamentada

Esta herramienta informática se desarrolló en la Universidad de Berlín por Thomas Muhr. Entre sus principales funciones se encuentran codificar, busqueda de texto, busqueda de cadenas y patrones textuales, generación de memos, exportabilidad a Excel® (para el uso de investigaciones mixtas), generación y agrupación de familias, importación de datos de encuestas, etc. Permite trabajar con una amplia variedad de formatos de archivos de texto, video, audio e imágenes. Una gran ventaja comparativa que ofrece respecto a otros CAQDAS es la capacidad gráfica que posee al permitir diseñar diagramas, gráficos conceptuales o mapas mentales, de esta forma, los códigos pueden ser visualmente representados por elementos unidos por flechas y el uso de operadores. En la Ilustración 37 se puede observar cómo las herramientas del Atlas.ti® se adaptan a cada una de las etapas de un proceso llevado a cabo con la Teoría Fundamentada.

Ilustración 37. Herramientas del Atlas.ti® aplicables en la Teoría Fundamentada.

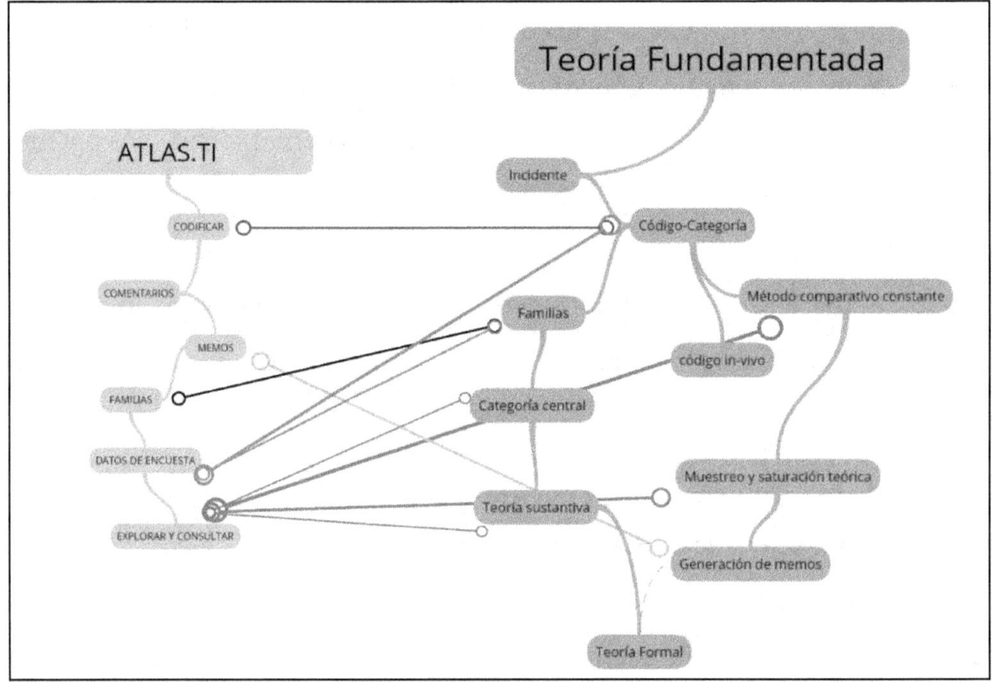

Fuente: elaboración propia.

La mesa de trabajo o el entorno de Atlas.ti® ubica las principales utilidades que un investigador con enfoque cualitativo puede necesitar en cualquier momento, éstas son: documentos primarios, citas, códigos y memos (Ilustración 38).

Ilustración 38. Herramientas más usadas por el Atlas.ti®.

Fuente: elaboración propia, tomado de Atlas.ti® V7.

En el administrador de documentos primarios de procede a cargar todos los documentos primarios que el investigador utilizará en su estudio, en cualquier momento se pueden agregar o quitar documentos primarios del proyecto (Ilustración 39).

Ilustración 39. Administrador de documentos primarios del Atlas.ti®.

Fuente: elaboración propia, tomado Atlas.ti® V7.

La herramienta más utilizada en el Atlas.ti® corresponde al proceso de codificación, el cual nace de un incidente dentro de un documento primario, que se aísla por el surgimiento de un tema importante para la investigación, para ello el investigador asigna un código-categoría con el uso del programa.

Ahora bien, para codificar con el Atlas.ti® primero se deben tener cargados los documentos primarios, los cuales pueden ser archivos de videos de entrevistas, conferencias, podcast, audios de entrevistas, archivos de texto PDF de artículos de revistas, tesis, actas de conferencias, libros, etc.

PARTE II: Como evaluar e identificar habilidades creativas

Una vez cargados los documentos primarios y posteriormente haber ingresado a alguno de ellos, se procede con la lectura y análisis "línea a línea", consecuentemente se deben asignar códigos-categorías (Ilustración 40), para ello se debe seleccionar el texto del documento (o la sección del clip si se trata de video o audio) y asignar un código, este puede ser un código in-vivo o se le puede asignar el nombre al código respectivamente.

Ilustración 40. Asignación de códigos con el Atlas.ti®.

Fuente: elaboración propia, tomado de Atlas.ti® V7.

Es importante tener en cuenta que se pueden crear citas libres sin necesidad de vincularlas a ningún código-categoría. Cuando se establece un código, el programa automáticamente asigna la cita correspondiente. El procedimiento de codificación hace parte de la Teoría Fundamentada en el método comparativo constante (Ilustración 37).

En el administrador de códigos se puede observar en todo momento la trazabilidad de todos los códigos-categorías que han sido creados, y, a su vez

146

se puede observar qué tanta fundamentación tiene cada código, esto significa la cantidad de citas asociadas con las que cuenta (Ilustración 41). Cuando se avanza en el proceso de categorización, esta parte permite observar rápidamente el surgimiento de la categoría central respecto a la Teoría Fundamentada (Ilustración 37).

Ilustración 41. Administrador de códigos-categorías del Atlas.ti®.

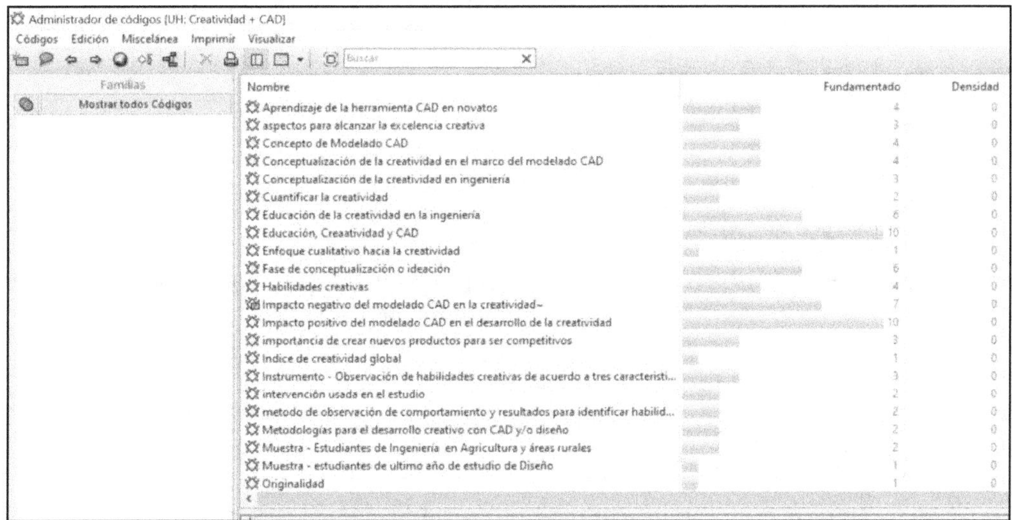

Fuente: elaboración propia, tomado de Atlas.ti® V7.

El Atlas.ti® permite agregar comentarios para citas, códigos, familias y memos; el investigador agrega información adicional para poder permitir la trazabilidad de todo su proyecto de inestigación. Para llevar a cabo esta acción, ingresan al menú principal de alguno de los elementos mencionados (Ilustración 38) y posteriormente seleccionan el elemento sobre el cuál se van a agregar comentarios. En la Ilustración 42 se puede observar en el menú de documentos primarios que, al seleccionar uno de los documentos, en la parte inferior se agregaron comentarios sobre la respectivas referencias

PARTE II: Como evaluar e identificar habilidades creativas

bibliográficas, las cuales podrán ser consultadas, copiadas y exportadas en cualquier momento.

Ilustración 42. Agregar comentarios con el Atlas.ti®.

Administrador de documentos primarios

Documentos   Edición   Miscelánea   Imprimir   Visualizar

Id	Nombre	Medios
P22	Conferencia - Software_Openness_Evaluating_Parameters.pdf	PDF
P23	Tesis - AN EMPIRICAL INVESTIGATION OF THE RELATIONSHIP OF CAD USE.pdf	PDF
P24	tesis - CAD and creativity at Key Stage 3.pdf	PDF
P25	tesis - Desarrollo De Las Habilidades Creativas De Los Aprendices Del Sena Como Consecuencia Del ...	PDF
P26	Artículo - Impact of CAD tools on creative problem solving in engineering design.pdf	PDF
P27	Articulo - Research on computer-aided creative design platform based on creativity model.pdf	PDF
P28	Artículo - Improving creative self-efficacy and performance through CAD.pdf	PDF
P29	Articulo - CAD system in solving design and inventive problems.pdf	PDF
P30	Articulo - The Effect of Computer-Aided Rehabilitation on Creativity and Computer Problem Solvin...	PDF
P31	Conferencia - Implementation of the use of Autocad applications in increasing basic competence i...	PDF
P32	Artículo - Using Technology for Productive, Creative purpose.pdf	PDF
P33	conferencia - creative_thinking_computational_tools_imbued_with_ai.pdf	PDF
P34	Artículo - Desarrollo de habilidades creativas de los estudiantes como consecuencia del uso de herr...	PDF

12/07/2020 01:39:48

Referencia bibliográfica APA:

García-Espinosa, Camilo; Gómez-Angarita, Jorge (2020). Desarrollo de habilidades creativas de los estudiantes como consecuencia del uso de herramientas TIC. *Informador Técnico*, 84(2), 21-42.
https://doi.org/10.23850/22565035.2547

Fuente: elaboración propia, tomado de Atlas.ti® V7.

En la Tabla 20 se presentan unas pautas que puede tener en cuenta el lector para la elaboración de comentarios.

Tabla 20. Pautas para asignación de comentarios en Atlas.ti®.

SECCIÓN	RECOMENDACIONES SOBRE USO DE COMENTARIOS
DOCUMENTOS PRIMARIOS	Referencias bibliográficas del autor y otros documentos del autor relacionados con el tema
CITAS	Información que puede cumplir función de recordatorio al investigador sobre alguna idea que surge de forma espontánea.
CÓDIGOS	Criterios de asignación, selección o asignación bajo los cuales una cita puede ser asociada a la categoría.

Fuente: elaboración propia.

Los memos, que permiten indagar sobre las categorías y sus relaciones con otras categorías, tanto en la Teoría Fundamentada como en el Atlas.ti® tienen el mismo nombre, de esta forma podremos abordar la etapa de generación de memos usando la misma herramienta del programa, estos pueden ser: descripciones de la investigación, del comportamiento, de la experiencia del investigador sobre aspectos teóricos de la categoría. Los memos se deben escribir de la misma forma en que se piensan, para así captar la idea que ha surgido del pensamiento o del análisis propio del investigador. Los memos se pueden asociar de acuerdo con el tipo, entre los que se podrían mencionar: memos analíticos, teóricos, reflexivos, metodológicos, procesual, etc (Ilustración 43). Una vez creado, se puede vincular a una cita, código u otros memos creados previamente.

Ilustración 43. Administrador de memos en el Atlas.ti®.

Nombre	Tipo	Fundamentado	Densidad	Tamaño
Memo Metodológico 1	Metodológico	1	1	156
Memo metodológico 2	Metodológico	0	3	80
Memo metodológico 3	Metodológico	0	2	910
Memo metodológico 4	Metodológico	1	3	200
Memo metodológico 5	Metodológico	1	0	95
Memo metodológico 6	Comentario	1	1	242
Memo metodológico 7	Comentario	1	4	226
Memo metodológico 8	Comentario	2	1	206
Memo procedimental 1	Procedimental	3	2	168
Memo Procedimental 2	Procedimental	0	1	50
Memo procedimental 3	Procedimental	2	1	139
Memo procedimental 4	Comentario	0	0	182
Memo procedimental 5	Comentario	0	1	193

Fuente: elaboración propia, tomado de Atlas.ti® V7.

Las familias (llamadas en otras metodologías como atributos o variables), hacen parte de la Teoría Fundamentada, de la misma forma encontramos la herramienta en el Atlas.ti®, proporcionan el marco teórico para analizar causas, consecuencias, acciones, comportamiento dentro de un contexto específico (sexo, recursos, edad, tipo, etc), y también para asociar los códigos entre sí (Ilustración 44). En la Teoría Fundamentada hay dos tipos de métodos comparativos constantes, el primero "línea a línea" y el segundo "axial", en este último, el uso de las familias puede tener gran relevancia.

Ilustración 44. Administrador de familias en documentos primarios del Atlas.ti®.

Administrador de familias de documentos primarios [UH: Proyecto artículo	
Familias Edición Miscelánea Visualizar	
Nombre	Tamaño
artículos	2
Conferencias - videos	13
Libros	13
Manuales concecionarios	7

Fuente: elaboración propia, tomado de Atlas.ti® V7.

El Atlas.ti® dispone de varias herramientas de exploración y consulta de datos, las principales son:

- Recuperación simple.

- Recuperaciones complejas.

- Matrices códigos-códigos (explorador de coocurrencias).

- Matrices códigos-documentos (Tabla códigos-documentos primarios).

Ilustración 45. Citas del código seleccionado en Atlas.ti®.

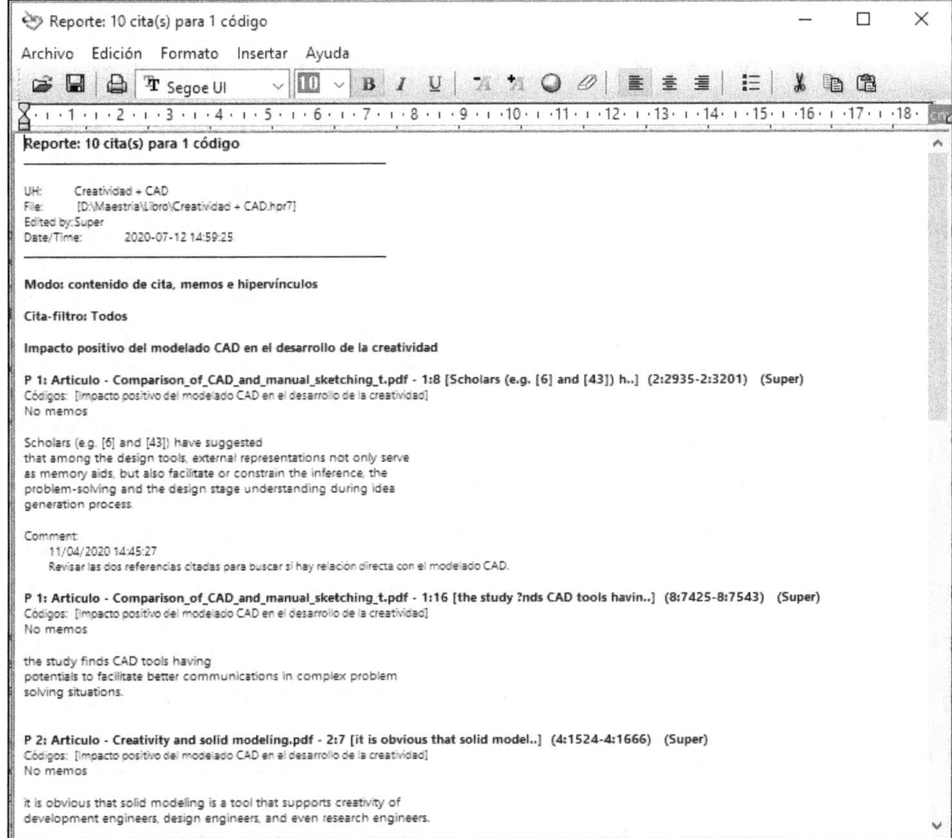

Fuente: elaboración propia, tomado de Atlas.ti® V7.

En la recuperación simple, el investigador puede analizar las categorías creadas para formular preguntas diferentes y así buscar la saturación teórica propia de la Teoría Fundamentada, este proceso se lleva a cabo simplemente ingresando al administrador de códigos (Ilustración 41), se observa cómo se identifican aquellos códigos que se encuentran más fundamentados, por ejemplo: el impacto positivo del modelado CAD en el desarrollo de la creatividad. Para crear una salida de las citas codificadas, se selecciona uno o más códigos de la lista, luego en el menú Imprimir se puede seleccionar entre citas de código seleccionado(s), lista de citas del código seleccionado, e incluir términos. Al seleccionar alguna de estas opciones se procede a generar el archivo de salida, se recomienda siempre usar la opción Editor, que como se observa en la Ilustración 45 permite fácilmente copiar y llevar posteriormente a su documento de Word® o procesador de texto de su proyecto. De acuerdo con Padilla Beltrán, Vega Rojas, & Rincón Caballero (2014), la fundamentación de la categoría (en Atlas.ti® es igual a conocer el número de citas por código), y la densidad de relación de subcategorías (en Atlas.ti® consiste en la cantidad de relaciones conceptuales entre códigos).

La recuperación compleja se utiliza para múltiples códigos, por ejemplo, de la Ilustración 41 se toman los códigos Impacto positivo del modelado CAD y Aprendizaje de la herramienta CAD en novatos, para identificar si hay coocurrencia entre ambos, este análisis arroja una cita como resultado (Ilustración 46). Los resultados de este análisis se pueden exportar al *Editor*, para así facilitar su migración hacia cualquier procesador de texto que el investigador utilice (Ilustración 47).

Ilustración 46. Recuperación compleja en Atlas.ti®.

Fuente: elaboración propia, tomado de Atlas.ti® V7.

Ilustración 47. Reporte de consulta de coocurrencia en Atlas.ti®.

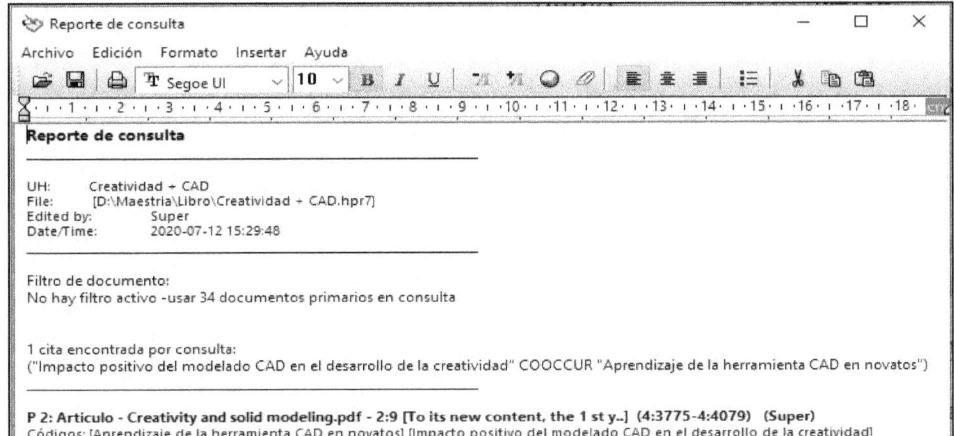

Fuente: elaboración propia, tomado de Atlas.ti® V7.

El análisis de matrices códigos-códigos permite generar tipos diferentes de preguntas, ya que se muestran los códigos que coocurren en todos los documentos primarios (S, 2012). El resultado es una tabla cruzada de todos los códigos, en la Ilustración 48 se seleccionaron como columnas los códigos Impacto negativo del modelado CAD en la creatividad e Impacto positivo del modelado CAD en la creatividad. Las filas podrían ser todos los demás códigos creados hasta el momento, pero, para el ejemplo, se seleccionaron 9 códigos. El resultado es una matriz donde se observa coocurrencia en dos códigos de las filas con la columna de Impacto positivo del modelado CAD en las creatividad, los cuales se encuentran acompañados de un valor de coeficiente, 0,08 para el primer caso y 0,05 para el segundo, esto se trata de una medida de la fuerza o intensidad de la coocurrencia entre dos códigos, estos valores de coeficiente se encuentran entre 0 y 1. Cada uno de estos resultados obtenidos, puede ser exportado al editor, para que posteriormente el investigador pueda generar una discusión sobre estos hallazgos de coocurrencia.

Ilustración 48. Matriz de coocurrencia de códigos en Atlas.ti®.

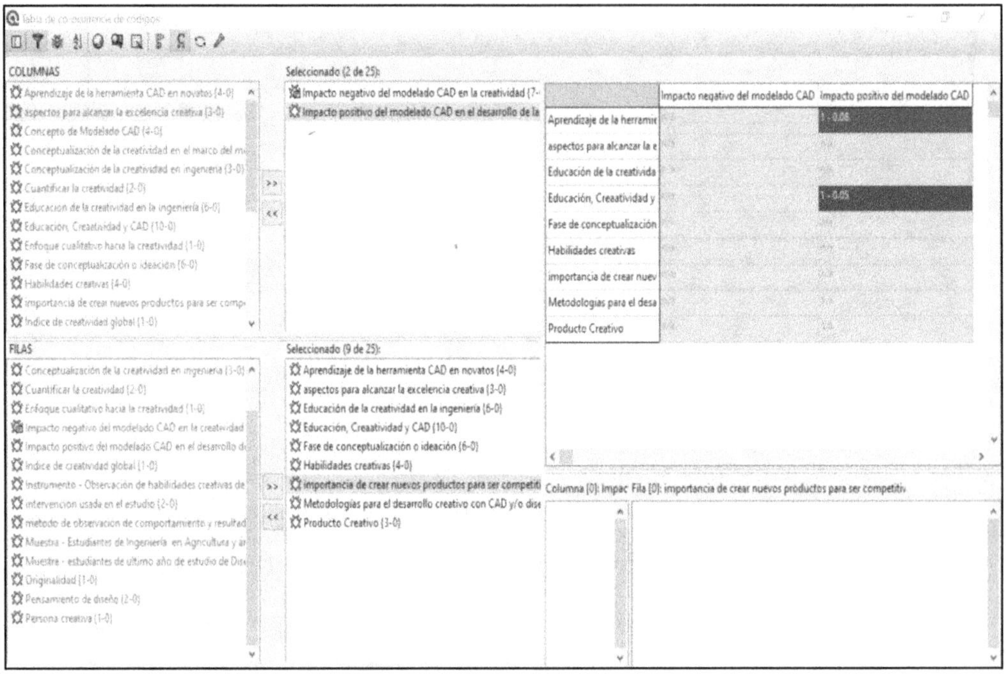

Fuente: elaboración propia, tomado de Atlas.ti® V7.

Las matrices códigos-documentos primarios es una lista de frecuencias de códigos o familias de códigos por documentos o familias de documento (S, 2012), para el ejemplo de la Ilustración 49 se tomaron los códigos Impacto negativo del modelado CAD en la creatividad e Impacto positivo del modelado CAD en la creatividad, y se seleccionaron las familias de códigos artículos, conferencias y tesis-proyectos. Al exportar los datos a Excel®, se puede apreciar en la Tabla 21 como se abordan las categorías principalmente de la publicación de artículos de revistas indexadas, y a su vez, hay una mayor participación del impacto positivo del modelado CAD en las habilidades

Capítulo cinco: Estudios comprensivos para medir el impacto de las TIC creativas de los individuos, adicionalmente, se podrían exportar todas las citas relacionadas para que así el investigador pueda desarrollar toda una discusión sobre estos resultados obtenidos.

Tabla 21. Resultados de análisis códigos-documentos primarios.

	ARTÍCULOS	CONFERENCIAS	TESIS-PROYECTOS	TOTALES:
IMPACTO NEGATIVO DEL MODELADO CAD EN LA CREATIVIDAD	7	0	0	7
IMPACTO POSITIVO DEL MODELADO CAD EN EL DESARROLLO DE LA CREATIVIDAD	10	0	0	10
TOTALES:	17	0	0	17

Fuente: elaboración propia.

Ilustración 49. Tabla códigos-documentos primarios de Atlas.ti®.

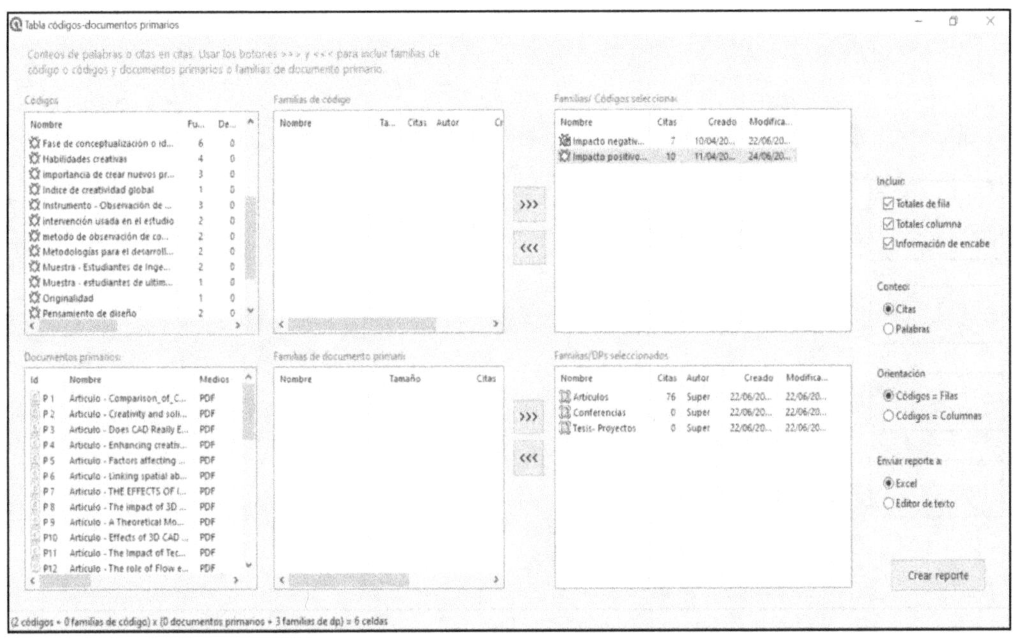

Fuente: elaboración propia, tomado de Atlas.ti® V7.

Todas las herramientas de exploración y consulta con las que cuenta el Atlas.ti®, se pueden emplear en diferentes etapas de la Teoría Fundamentada, como se observa en la Ilustración 37, apoyan el análisis para el desarrollo de familias, método comparativo constante, categoría central, el muestreo y saturación teórica.

PARTE III: Para qué evaluar e identificar habilidades creativas como consecuencia del uso de herramientas TIC

"Nosotros somos nuestros propios cementerios;

vivimos agazapados entre las tumbas

de las personas que fuimos"

Clive Barker (2017)

La última parte del libro, invita al lector para que aborde estudios y procesos de investigación con el talento humano disponible en su organización. Se presenta el modelo para el laboratorio de creatividad TIC, que permitirá el estudio del impacto de las herramientas TIC en las habilidades creativas de los individuos, desde tres dimensiones: ambiental pedagógica, psicosocial y ambiental física. Finalmente, se presentan dos casos de contexto, donde se podrán identificar las habilidades creativas desarrolladas por las TIC (en el contexto de la herramienta de modelado CAD 3D) y su función para el entrenamiento en los retos profesionales como el aprendizaje de un segundo idioma y el emprendimiento.

PARTE III: Para qué evaluar e identificar habilidades creativas

Capítulo seis: Laboratorios de creatividad TIC

Como consecuencia de la información obtenida de los procesos experimentados por el uso de herramientas TIC (modelado CAD 3D) en relación con el desarrollo de habilidades creativas, que han permitido generar datos analizables para toma de decisiones (García, 2019), el presente capítulo incentiva el uso de herramientas TIC para el desarrollo y/o el mejoramiento de las habilidades creativas de los individuos en organizaciones e instituciones educativas, formulando las bases metodológicas y diagnósticas para el desarrollo de un modelo para la implementación y diagnóstico de estudios e investigaciones de *"Laboratorio de creatividad TIC"*, una propuesta que facilitará a los investigadores, estudiantes, directivos y empresarios disponer de un conjunto de herramientas TIC y metodologías basadas para el desarrollo creativo.

Para el desarrollo del modelo, se comienza exponiendo los sustentos teóricos de los principales autores que han estudiado el concepto de "ambientes creativos de innovación", luego se sintetizan las habilidades creativas, su medición y diagnóstico. A continuación, se exponen los principales aspectos discutidos y concluidos de la investigación llevada a cabo por el autor en referencia al uso del modelado CAD 3D (García Espinosa & Gómez Angarita, Desarrollo de habilidades creativas de los estudiantes como consecuencia del uso de herramientas TIC, 2020).

Para finalizar, se establece el modelo de Laboratorio de creatividad TIC. Con esta propuesta se pretende potencializar el recurso humano de las organizaciones en competencias creativas apuntando a la competitividad, la transformación laboral y el mejoramiento del potencial innovador.

Ambientes creativos de innovación

Autores como L.S. Vigotski, R. Sternberg, M. Csikszentmihayi, D. Perkins y S. Arieti (Como se mencionan en Martinez Jáuregui, Pineda Serna, Naranjo Herrera, González Quitián, & Johannes Bruszies, 2012) sostienen que el ambiente estimula o reprime la creación, donde es posible crear entornos particulares que faciliten la creación como escenarios de interacción entrelazados con la mente del individuo y la cultura organizacional.

Para el desarrollo de una interacción que permita el desarrollo de habilidades creativas en los individuos al interior de la organización, en busca de un desarrollo eficiente y sostenible de las funciones laborales y productivas para favorecer la competitividad, los ambientes creativos para la innovación se integran por las dimensiones psicosocial, pedagógico y físico que se ofrezcan en la organización (Ilustración 50), los cuales se interrelacionan e interactúan entre ellos (Martinez Jáuregui, Pineda Serna, Naranjo Herrera, González Quitián, & Johannes Bruszies, 2012). De acuerdo con Mahon (1998), para el logro de la creatividad y la innovación de manera permanente e interiorizada en las organizaciones, es necesario suscitar climas creativos orientados a favorecer factores biológicos, psicológicos y sociales, con miras al desarrollo del talento, procesos y productos creativos. Es necesario centrar la reflexión sobre la calidad de los ambientes que se edifican al interior de la organización para el desarrollo de la innovación. Estos ambientes son construidos por la cultura, el clima organizacional y la acción creadora.

Para Vallardes (Como se menciona en Martinez Jáuregui, Pineda Serna, Naranjo Herrera, González Quitián, & Johannes Bruszies, 2012), la cultura se ve reflejada en el modo de pensar, actuar y sentir de los individuos, cuando se apropian de pensamientos o actitudes que han sido establecidos directa o indirectamente en la organización. Estos factores pueden ser potenciadores o inhibidores de los procesos creativos de los individuos.

La dimensión psicosocial, ligada al clima y la cultura organizacional es aquella que ofrece motivación, pertenencia y seguridad a los integrantes de la organización, que propicia la participación y el entusiasmo por crear en el escenario productivo, y se define como la integración entre los componentes biológicos (salud y disposición mental y física), psicológicos (emocional, afectivo) y sociales (interrelaciones, comunidad) del ser humano en su interacción permanente con el entorno (Martinez Jáuregui, Pineda Serna, Naranjo Herrera, González Quitián, & Johannes Bruszies, 2012). Los individuos serán más creativos cuando se sientan motivados por el interés, el gozo, la satisfacción y el reto que representa el trabajo (Amabile, 1998).

La dimensión ambiental pedagógica está referida a los procesos de representación y simbolización, materializada en la formación para la aplicación de los campos de desempeño de los individuos en la organización, y se constituye en la forma de aplicación pedagógica para promover la educación activa y el desarrollo del talento. Esta dimensión se encuentra enmarcada en cuatro lineamientos que son: formación, aprendizaje, comunicación y lúdica (Martinez Jáuregui, Pineda Serna, Naranjo Herrera, González Quitián, & Johannes Bruszies, 2012).

Ilustración 50. Ambientes creativos de innovación.

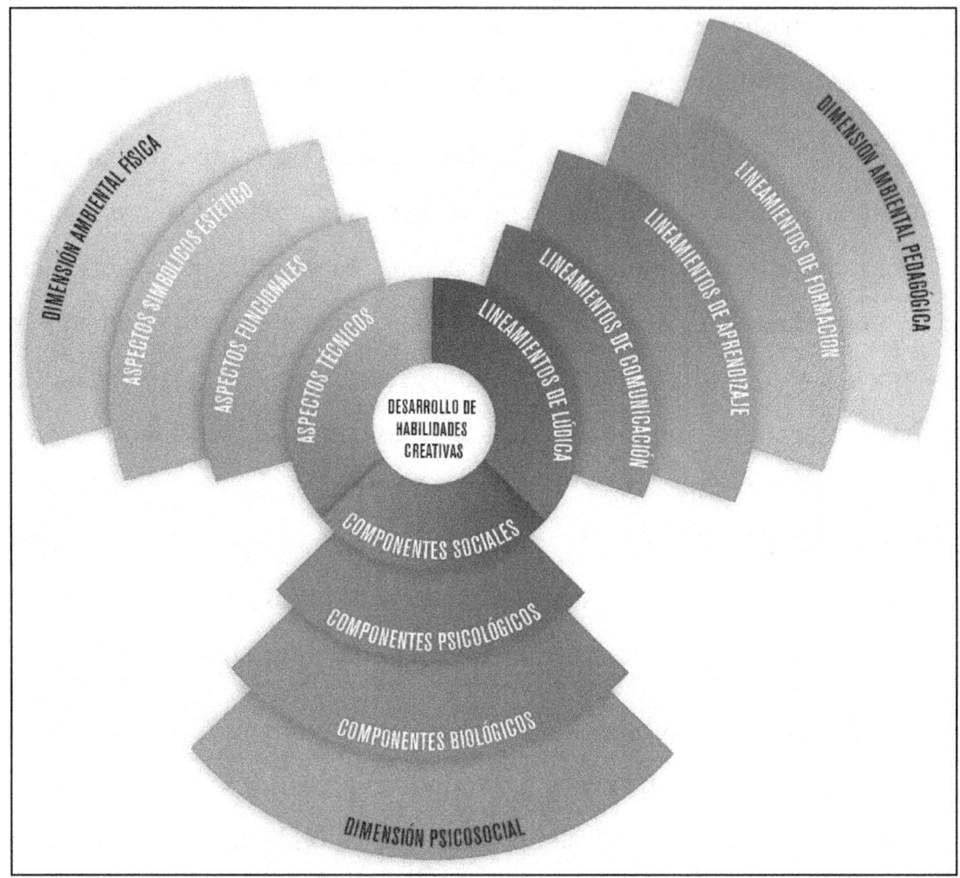

Fuente: elaboración propia, sintetizado de Martinez Jáuregui, Pineda Serna, Naranjo Herrera, González Quitián, & Johannes Bruszies (2012).

La dimensión ambiental física se define como la espacialidad en la cual se interrelaciona el ser humano (Bayona & Mejía, 2003) y se engloba por tres aspectos ambientales que son:

- Aspecto simbólico estético: lo simbólico referido a la representación de la cultura organizacional y lo estético referido a las instalaciones, distribución y el uso del espacio físico.

- Aspecto funcional: condiciones para el desarrollo de las actividades, que permitan en el individuo la participación, trabajo en equipo y reflexión.

- Aspecto técnico: condiciones medioambientales con fundamento en los sentidos y operación de las actividades.

Modelo de laboratorio de creatividad TIC

Ilustración 51. Laboratorio de creatividad TIC.

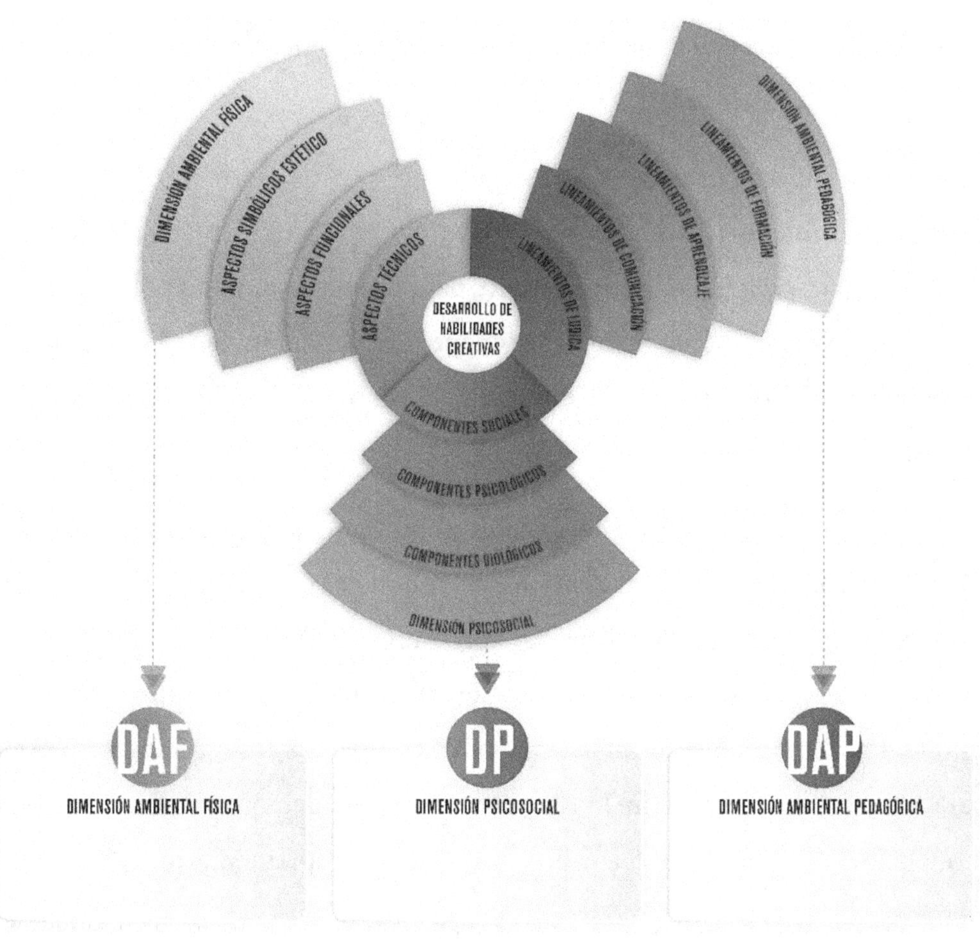

Fuente: elaboración propia.

PARTE III: Para qué evaluar e identificar habilidades creativas

Partiendo de las bases teóricas de los ambientes creativos de innovación, las habilidades creativas, su medición y diagnóstico y los resultados obtenidos en la investigación del autor, se presenta en la Ilustración 51 el modelo para implementación y diagnóstico de estudios e investigaciones de un Laboratorio de creatividad TIC, desde cada uno de los aspectos que debe contener y sus dimensiones.

Para comprender la dinámica para la implementación y diagnóstico de las herramientas TIC para el desarrollo del Laboratorio de creatividad TIC, se debe abordar desde cada una de las tres dimensiones descritas en la Ilustración 51.

Dimensión pedagógica ambiental

Con el lineamiento de lúdica, se determina la herramienta TIC que será implementada y estudiada, por ejemplo, para el caso estudiado por el autor, se utilizó como intervención o variable independiente manipulada la herramienta de modelado CAD 3D, con el programa de diseño CAD Solidworks® (García, 2019).

En el lineamiento de formación a implementar, se puede acudir a la formación complementaria o la implementación del uso de la herramienta TIC como área transversal en los diferentes programas de formación o área, y grupo de empleados en su organización. Son sugeridas por el autor como las estrategias de formación o intervención más convenientes a utilizar. Ejemplo: para el caso estudiado con los sujetos de investigación (García, 2019), el modelado CAD 3D se llevó a cabo como curso complementario.

Respecto al lineamiento de aprendizaje, se determinan las estrategias de enseñanza-aprendizaje que el formador o supervisor va a llevar a cabo para la enseñanza o implementación de la herramienta TIC con los individuos. Ejemplo, para el caso estudiado con los sujetos de investigación (García, 2019), para el modelado CAD 3D se desarrollaron los temas: modelado de piezas geométricas a partir de croquis, modelado de sólidos con el uso de operaciones extruir saliente, extruir corte, redondeo, chaflán, vaciado, saliente y corte por revolución, recubrir, barrido, simetría, ensamblaje de piezas, y modelado mediante superficies. Cada uno de los módulos o sesiones de aprendizaje, no se desarrollaron de manera seriada sino interrelacionada, con el uso de retos u objetivos concretos a los estudiantes, para que modelen piezas o sólidos que bien pueden partir de imágenes o fotos del objeto (reto), imágenes tridimensionales del objeto terminado en Solidworks®, o de objetos físicos para que los estudiantes interactúen.

En el lineamiento de comunicación, el lenguaje gráfico corresponde al tipo de lenguaje usado con las diferentes herramientas TIC. Retomando el ejemplo estudiado por el autor, el modelado CAD 3D permite resolver problemas que requieren información espacial; ello lo logra a través de las imágenes mentales especialmente de tipo visual; y se evidencia cuando se pretende distribuir espacios y localizar objetos concretos en lugares precisos. En los ejercicios planteados para el modelado CAD 3D, el individuo debe recurrir a dichas imágenes para poder modelar y solucionar el problema que se plantea, partiendo principalmente de un estímulo que se presenta a través del lenguaje gráfico o visual descrito por Acaso (2009), que puede ser una información gráfica, producto visual, desarrollo plástico, texto icónico, artefacto visual o una representación visual (García Espinosa, Desarrollo de las habilidades creativas de los aprendices del SENA como consecuencia del uso de herramientas TIC, 2019).

PARTE III: Para qué evaluar e identificar habilidades creativas

Dimensión Psicosocial

El principal interés que promueve esta dimensión corresponde a estudios que se puedan realizar sobre la población objetivo, para obtener información que permita identificar aspectos en el estudiante que bien pueden ser inhibidores, o potenciadores de las habilidades creativas con el uso de herramientas TIC. Para mencionar entre algunos se deben identificar estilos de aprendizaje y la inteligencia dominante del individuo de acuerdo con la teoría de inteligencias múltiples de Gardner (Como se menciona en García, 2019), nivel de motivación, entre otros, con estudios que permitan determinar sus relaciones con el desarrollo de las habilidades creativas como consecuencia del uso de la herramienta TIC aplicada o apropiada por el estudiante. El autor, en su estudio con el uso modelado CAD 3D llevó a cabo la aplicación de pruebas tales como la guía para identificar las inteligencias múltiples de Kertész (Como se describe en Sánchez González & Andrade Esparza, 2014) y la prueba de Inventario de Estilos de aprendizaje de Felder (Como se describe en Sánchez González & Andrade Esparza, 2014), insumos importantes que permitirán identificar relacion entre estos aspectos y las habilidades creativas desarrolladas por el individuo.

Ahora bien, el componente biológico permite identificar aspectos como la percepción visual y nutrición, de tal forma que se puedan realizar estudios para identificar la inferencia de cada uno para potenciar o inhibir las habilidades creativas. El autor ha realizado el test para la identificación del hemisferio cerebral dominante del individuo (Sánchez González & Andrade Esparza, 2014), como insumo para el desarrollo de estudios que permitan inferir relaciones con el desarrollo de las habilidades creativas como consecuencia del uso del modelado CAD 3D.

El componente social debe abordar indicadores como: logro, poder, afiliación, reconocimiento, motivación, identidad, apertura y flexibilidad. Estos aspectos deberan ser tenidos en cuenta en los procesos de diagnóstico y formulación de estrategias para el afiianzamiento de los ambientes, el clima y la cultura (Martinez Jáuregui, Pineda Serna, Naranjo Herrera, González Quitián, & Johannes Bruszies, 2012).

Dimensión ambiental física

El diseño de los espacios de interacción-trabajo-aprendizaje del Laboratorio de creatividad TIC, debe tener en cuenta las necesidades de los integrantes de la organización, e incorpora sus gustos y preferencias particulares, para que sean potenciadores del ambiente creativo (Martinez Jáuregui, Pineda Serna, Naranjo Herrera, González Quitián, & Johannes Bruszies, 2012).

El aspecto técnico no solo aborda las herramientas físicas necesarias para la implementación de la herramienta TIC, sino que debe tener en cuenta también condiciones de ingeniería y medioambientales con fundamento en la percepción sensorial (Como se describe en García, 2019) y la operación de las actividades, iluminación (natural o artificial), ventilación (relacionado con el confort térmico), la ergonomía, entre otros. Surgen estudios que permitan el análisis de las condiciones de trabajo que concierne al espacio físico, ambiente térmico, ruidos, iluminación, posturas de trabajo, desgaste energético, carga mental, fatiga nerviosa, carga de trabajo, entre otros aspectos que permitan realizar inferencias en relación con el rendimiento, la salud, y el desarrollo de las habilidades creativas de los individuos. El aspecto funcional permitirá identificar si existe relación entre la distribución de espacios y el desarrollo de las habilidades creativas de los individuos con el uso de herramientas TIC. El aspecto simbólico estético presenta importancia en lo simbólico por la representación de la cultura organizacional, así como las significaciones y señales que propone, y, en lo físico por todas las representaciones asociadas con el conjunto arquitectónico, instalaciones y uso del espacio físico.

Cada uno de los componentes, lineamientos y aspectos de las 3 dimensiones descritas en la propuesta del modelo, permitirán el desarrollo de herramientas diagnósticas y/o estudios que se deben llevar a cabo en relación con las habilidades creativas de los individuos. Lograr el desarrollo de habilidades creativas de los individuos a partir del uso de herramientas TIC debe desencadenar estudios que permitan relacionar las habilidades creativas desarrolladas por el individuo con aquellas características deseadas en el individuo para cierto fin, entrenamiento, meta, ejemplo: desarrollar facilidades para el emprendimiento, habilidades para la generación de ideas, fluidez, divergencia, convergencia y elaboración para el desarrollo y sostenimiento de proyectos, motivación, fluidez, eficiencia y eficacia en los procesos asignados, etc.

Capítulo siete: TIC para potenciar habilidades creativas para el emprendimiento y el aprendizaje de un segundo idioma.

Muchas personas asumen que las reglas inhibirán de forma irremediable lo que de otro modo sería la creatividad ilimitada e intrínseca de los individuos, por lo que la bibliografía científica indica con toda claridad, que las limitaciones estrictas no inhiben los logros creativos, sino que los facilitan (Peterson, 2018).

Los estudiantes y los individuos en general se plantean muchas incógnitas e inquietudes sobre los retos en su desempeño laboral después de obtener sus títulos de estudio; desde los mismos procesos de introducción o inducción se les plantean una gran cantidad de competencias y habilidades que van a desarrollar en sus procesos de aprendizaje, adicionalmente, se les inculca el aprendizaje de un segundo idioma (en su mayoría optan por el inglés) y permanecer en constante actualización y preparación frente a los procesos o tendencias mundiales, entre las que se mencionan el emprendimiento, las industrias 4.0 y la innovación.

Torre & Violant, (2006, p.280) establecen el siguiente concepto de emprendimiento: "el emprendimiento como el proceso mediante el cual, a partir de una idea innovadora, se generan bienes, procesos y servicios nuevos que provocan un impacto positivo y sociocultural de la sociedad". El emprendimiento incluye etapas de incubación, acompañamiento para el desarrollo y consolidación de ideas; requiere entonces de personas creativas y motivadas para su desarrollo. Tanto las organizaciones como las instituciones educativas constantemente deben abordar estas tendencias para buscar estrategias que permitan siempre tener el talento humano lo mejor preparado y competitivo, es este el escenario propicio para promover de forma argumentada (con resultados de investigaciones) el uso de las herramientas TIC como insumos de apoyo para el desarrollo de habilidades creativas, necesarias en las personas para prepararse, entrenarse y afrontar en mejor medida los diferentes retos laborales y de actualidad.

Cuando se estudian temas como el emprendimiento y el aprendizaje de un segundo idioma, la creatividad emerge como cualidad y/o caracteristica imprescindible, y hace parte de todos los contenidos de divulgación académica y profesional. Surge la necesidad de identificar aquellas habilidades creativas específicas que se puedan potenciar gracias a diferentes estrategias cognitivas apoyadas o mediadas por el uso de herramientas TIC.

El presente capítulo ofrece al lector una perspectiva de cómo el uso de las TIC pueden entrenar su mente, y prepararla para ser una persona más emprendora o que se permita aprender más facil un segundo idioma, tomando como ejemplo el uso del modelado CAD 3D.

Uso de TIC para desarrollar habilidades de emprendimiento

El presente análisis consiste en identificar el perfil creativo de un individuo gracias al uso de pruebas (Tabla 2), seguidamente se pueden establecer y proponer relaciones entre éstas y el perfil psicológico de una persona que se caracteriza por ser altamente emprendedora y/o por aprender fácilmente un segundo idioma.

Retomando los resultados obtenidos de la investigación con el modelado CAD 3D (García Espinosa & Gómez Angarita, Desarrollo de habilidades creativas de los estudiantes como consecuencia del uso de herramientas TIC, 2020), en la Tabla 22 se pueden observar los indicadores evaluados y que presentaron diferencias significativas como consecuencia del uso de CAD 3D.

Tabla 22. Indicadores desarrollados por el modelado CAD 3D.

INDICADOR	ATRIBUTOS/HABILIDADES ASOCIADAS	ECG
ABREACCIÓN O RESISTENCIA AL CIERRE (RC)	El sujeto con alta puntuación posibilita un potencial para transformar el medio e ir más allá de la información recibida en el período de incubación. Los sujetos con mayor flexibilidad perceptiva y actitudinal pueden controlar mejor la tensión al cierre inmediato de aberturas, e imaginar acabados más elaborados y menos habituales.	
COMPLECCIÓN FIGURATIVA (CF)	Quien actúa de esta forma pone de manifiesto una actitud transformadora, pero sin entrar a valorar el alcance de dicha transformación. La complección tiene que ver con la capacidad imaginativa del individuo.	
ORIGINALIDAD (OR)	La alta originalidad suele ir acompañada de fantasía, conectividad, alcance, expansión y riqueza expresiva. Ser original significa ser capaz de producir algo nuevo y precisamente la novedad constituye el criterio más frecuentemente señalado. Alude a lo primero en aparecer, de lo que derivan ideas posteriores. Es la rareza de una respuesta en un grupo dado	
ELABORACIÓN (EL)	Este acabado es el que supone, por lo general, más dedicación y esfuerzo a los creativos. Un individuo con estilo globalizador, intuitivo, no suele cuidar tanto el detalle, en tanto que otro más analítico presta más atención a los elementos secundarioso detalles. Una persona que cuida el detalle suele serlo serlo en todos sus trabajos. Emplea más tiempo en la realización de las tareas con estios creativos intuitivo y analítico.	x
CONECTIVIDAD LINEAL (CL)	Está relacionado con la capacidad del individuo para establecer relaciones forzadas, una técnica bastante popular para la generación de ideas.	

INDICADOR	ATRIBUTOS/HABILIDADES ASOCIADAS	ECG
CONECTIVIDAD TEMÁTICA (CT)	El individuo elabora un nuevo tema o composición con significado propio a partir de las figuras dadas en el recuadro. El individuo debe representar imaginativamente la escena que quiere dibujar antes de hacerlo, lo cual tendrá tanto más valor cuanto más se aparte de los estímulos; su valor se ve favorecido, cuando la capacidad de sobrepasar el estímulo va más allá de lo que la estructura gráfica sugiere.	x
CONECTIVIDAD EXPANSIVA (CE)	Disposición para romper limitaciones y bloqueos perceptivos, prejuicios, convencionalismos, marcos de referencia, posibilitando con ello encontrar nuevas soluciones a los problemas. Cuando el individuo integra en su composición los trazos externos del recuadro, no solo de continuarlos, sino de conectarlos con la temática expresada, indica en el individuo expansión, iniciativa y aceptación de riesgo, cierto grado de inconformismo, y tolerancia a lo complejo, unos rasgos propios de las personas creativas.	x
FANTASÍA (FA)	El individuo lleva la originalidad a sus límites extremos entre la pertinencia de la respuesta y la extravagancia. Es un indicador que permite indagar las fronteras del pensamiento divergente. Una persona que desarrolla esta habilidad constantemente cuestiona: ¿hasta donde estamos dispuestos a romper con las estructuras aprendidas?¿Hasta qué punto nos apartamos de lo establecido?	x
HABILIDAD GRÁFICA (HG)	El individuo con habilidad y destreza para trasladar a lenguaje gráfico las imágenes mentales, tiende a destacar también en originalidad, conectividad, y fluidez.	x
SENTIDO DEL HUMOR (SH)	Es la facilidad para generar situaciones en las que aparecen simultáneamente unidos dos planos de experiencia o lenguaje. Son asociaciones independientes unidas inesperadamente gracias a la flexibilidad del pensamiento y el uso de relaciones forzadas.	x
FLUIDEZ GRÁFICA (FG)	Es la facilidad que tienen los individuos para expresar múltiples ideas con un determinado código; el factor que más influye en su evaluación es el tiempo, de ahí que este es empleado en la realización de la prueba teniéndolo en cuenta no como limitador	x

INDICADOR	ATRIBUTOS/HABILIDADES ASOCIADAS	ECG
	de la tarea sino como variable que permite valorar el coeficiente de fluidez gráfica.	

Fuente: elaboración propia, sintetizado de De la Torre & Violant (2006).

A continuación, se procede a establecer el perfil psicológico de una persona altamente emprendedora, para ello se recomienda realizar una revisión sistemática apoyada en Atlas.ti® para establecer el perfil psicológico objetivo, como ejemplo de contexto, se recojen los datos de Escat Cortés & Romo Santos (2015) para tabular aquellas habilidades que caracterizan a un individuo emprendedor, y se agregan posteriormente a los datos recogidos de la Tabla 22, quedando como resultado la Tabla 23.

Tabla 23. Indicadores del ECG asociados al perfil del emprendedor.

INDICADOR	INDICADORES ECG DESARROLLADOS POR EL CAD 3D	INDICADORES ASOCIADOS AL PERFIL PSICOLÓGICO DEL EMPRENDEDOR	INDICADORES DESARROLLADOS POR EL CAD EN EL PERFIL PSICOLÓGICO DEL EMPRENDEDOR
ABREACCIÓN O RESISTENCIA AL CIERRE (RC)		X	
COMPLECCIÓN FIGURATIVA (CF)		X	
ORIGINALIDAD (OR)			

INDICADOR	INDICADORES ECG DESARROLLADOS POR EL CAD 3D	INDICADORES ASOCIADOS AL PERFIL PSICOLÓGICO DEL EMPRENDEDOR	INDICADORES DESARROLLADOS POR EL CAD EN EL PERFIL PSICOLÓGICO DEL EMPRENDEDOR
ELABORACIÓN (EL)	X	X	X
CONECTIVIDAD LINEAL (CL)			
CONECTIVIDAD TEMÁTICA (CT)	X		
CONECTIVIDAD EXPANSIVA (CE)	X	X	X
FANTASÍA (FA)	X		
HABILIDAD GRÁFICA (HG)	X		
SENTIDO DEL HUMOR (SH)	X		
FLUIDEZ GRÁFICA (FG)	X	X	X
AUTONOMÍA		X	
CONFIANZA EN SÍ MISMO		X	

INDICADOR	INDICADORES ECG DESARROLLADOS POR EL CAD 3D	INDICADORES ASOCIADOS AL PERFIL PSICOLÓGICO DEL EMPRENDEDOR	INDICADORES DESARROLLADOS POR EL CAD EN EL PERFIL PSICOLÓGICO DEL EMPRENDEDOR
FIJACIÓN CONTINUA DE OBJETIVOS		X	
LOCUS DE CONTROL INTERNO		X	
PODER DE PERSUACIÓN		X	

Fuente: elaboración propia.

Como se observa en la Tabla 23, en la columna "indicadores asociados al perfil psicológico del emprendedor", se establecieron aquellos aspectos del perfil de un emprendedor que se encuentran asociados a los indicadores ya evaluados con el instrumento ECG. Se obtiene que, las habilidades creativas asociadas a algunos indicadores del ECG se encuentran inmersos en características de este tipo de individuos, estos indicadores son: resistencia al cierre, complección figurativa, elaboración, conectividad expansiva y fluidez gráfica.

Otros indicadores o características de los emprendedores que no se encuentran asociados a los indicadors del ECG, se han agregado en la Tabla 23 después del indicador fluidez gráfica, los cuales son: autonomía, confianza en sí mismo, fijación continua de objetivos, locus de control interno, y poder de persuación.

PARTE III: Para qué evaluar e identificar habilidades creativas

Finalmente, se establecen cuáles habilidades desarrollan los estudiantes por el uso del CAD 3D, y que les serán de utilidad para entrenar una persona para adquirir habilidades emprendedoras, éstas corresponden a las señaladas en la columna "indicadores desarrollados por el CAD en el perfil psicológico del emprendedor" en la Tabla 23, las cuales corresponden a: elaboración, conectividad expansiva y fluidez gráfica.

En términos cuantitativos, podremos observar que de 7 indicadores del ECG que desarrollan los individuos como consecuencia del uso del modelado CAD 3D, 3 de 10 indicadores, tienen relación con el perfil psicológico del emprendedor.

Lo anterior permite llegar a la conjetura que, el modelado CAD 3D sirve de entrenamiento para profundizar, en al menos 3 indicadores de un perfil de una persona emprendedora, y así mismo de las habilidades creativas asociadas a cada uno de estos indicadores.

El propósito es, con medida en que se avance en investigaciones que aborden más herramientas TIC se puede construir una matriz o mapa relacional entre las habilidades deseadas por el individuo y las herramientas disponibles para fortalecer o entrenar las mismas. La Ilustración 52 permite identificar las habilidades de un emprendedor y aquellas en que el modelado CAD 3D puede entrenar para lograrlo.

Ilustración 52. Mapa relación de habilidades emprendimiento y modelado CAD 3D.

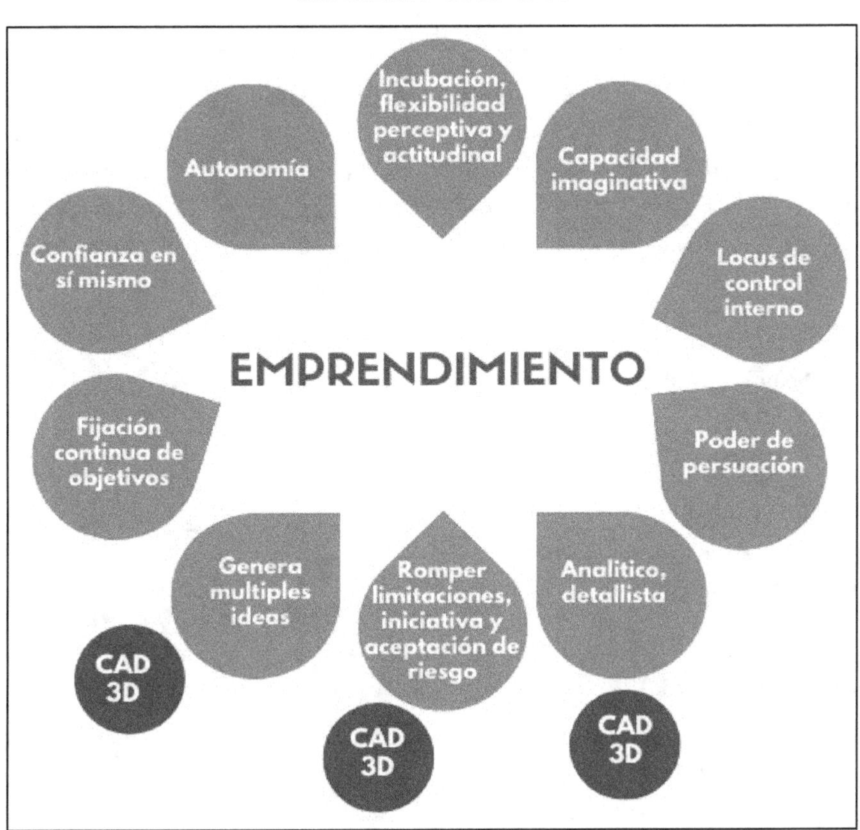

Fuente: elaboración propia.

Uso de TIC para desarrollar habilidades de aprendizaje en un segundo idioma

Sobre el perfil de una persona con habilidades para el aprendizaje de un segundo idioma, se toma como contexto el estudio realizado por Olmo Cazevieille & Labrador Piquer (2019), y siguiendo el mismo procedimiento que en el caso del emprendimiento, se obtienen unos indicadores que se pueden asociar a los mismos evaluados por el ECG, y otros adicionales, lo que conlleva a los resultados obtenidos en la Tabla 24.

Tabla 24. Indicadores del ECG asociados al perfil de aprendizaje de segundo idioma.

INDICADOR	INDICADORES ECG DESARROLLADOS POR EL CAD 3D	INDICADORES PRESENTADOS POR ESTUDIANTES NIVEL B1 DE SEGUNDO IDIOMA	INDICADORES DESARROLLADOS POR EL CAD PARA EL APRENDIZAJE DE SEGUNDO IDIOMA
ABREACCIÓN O RESISTENCIA AL CIERRE (RC)			
COMPLECCIÓN FIGURATIVA (CF)		x	
ORIGINALIDAD (OR)			
ELABORACIÓN (EL)	x		
CONECTIVIDAD LINEAL (CL)		x	
CONECTIVIDAD TEMÁTICA (CT)	x	x	x
CONECTIVIDAD EXPANSIVA (CE)	x	x	x
FANTASÍA (FA)	x		
HABILIDAD GRÁFICA (HG)	x		
SENTIDO DEL HUMOR (SH)	x		
FLUIDEZ GRÁFICA (FG)	x	x	x

INDICADOR	INDICADORES ECG DESARROLLADOS POR EL CAD 3D	INDICADORES PRESENTADOS POR ESTUDIANTES NIVEL B1 DE SEGUNDO IDIOMA	INDICADORES DESARROLLADOS POR EL CAD PARA EL APRENDIZAJE DE SEGUNDO IDIOMA
AUTONOMÍA		X	
CONFIANZA EN SÍ MISMO		X	
FIJACIÓN CONTINUA DE OBJETIVOS			
LOCUS DE CONTROL INTERNO			
PODER DE PERSUACIÓN			
SATISFACCIÓN INDIVIDUAL		X	

Fuente: elaboración propia.

Como se observa en la Tabla 24, en la columna "indicadores presentados por estudiantes nivel B1 de segundo idioma", se establecieron aquellos aspectos del perfíl de un un individuo que alcanzó nivel B1, y que se encuentran asociados a los indicadores ya evaluados con el instrumento ECG. Se obtiene que, las habilidades creativas asociadas a algunos indicadores del ECG se encuentran inmersos en características de este tipo de individuos, estos indicadores son: complección figurativa, conectividad lineal, conectividad temática, conectividad expansiva y fluidez gráfica.

Otros indicadores o características de los individuos que alcanzan nivel B1 y que no se encuentran asociados a los indicadors del ECG, se han agregado en la Tabla 24 después del indicador fluidez gráfica, los cuales son: autonomía, confianza en sí mismo y satisfacción individual.

PARTE III: Para qué evaluar e identificar habilidades creativas

Finalmente, se establecen cuáles habilidades desarrollan los estudiantes por el uso del CAD 3D, y que les serán de utilidad para facilitar el aprendizaje de un segundo idioma, éstas corresponden a las señaladas en la columna "indicadores desarrollados por el CAD para el aprendizaje de segundo idioma" en la Tabla 24, las cuales corresponden a: conectividad temática, conectividad expansiva, y fluidez gráfica.

En términos cuantitativos, podremos observar que de 7 indicadores del ECG que desarrollan los individuos como consecuencia del uso del modelado CAD 3D, 3 de 8 indicadores, tienen relación con el perfil de una persona que aprende un segundo idioma.

Lo anterior permite llegar a la conjetura que, el modelado CAD 3D sirve de entrenamiento para profundizar, en al menos 3 indicadores de las habilidades requeridas para el aprendizaje de un segundo idioma, y así mismo de las habilidades creativas asociadas a cada uno de estos indicadores.

Finalmente, si se pretende estudiar estos resultados desde un enfoque cualitativo, se desprende un abanico de posibilidades, donde se tienen los datos de las habilidades creativas desarrolladas por el uso de herramientas TIC (en este caso el CAD 3D) y para el emprendimiento y aprendizaje de un segundo idioma. Esto conllevaría a investigaciones que permitan identificar aquellas cateogorías o factores que desarrollan la creatividad de acuerdo al tipo de herramienta TIC que se utilice, y su relación con los perfiles requeridos o deseados en los individuos.

El propósito es, con medida en que se avance en investigaciones que aborden más herramientas TIC se puede construir una matriz o mapa relacional entre las habilidades deseadas por el individuo y las herramientas disponibles para fortalecer o entrenar las mismas, la Ilustración 53 permite identificar las habilidades para el aprendizaje de un segundo idioma y aquellas en que el modelado CAD 3D puede entrenar para lograrlo.

Ilustración 53. Relación aprendizaje de un segundo idioma y el modelado CAD 3D.

Fuente: elaboración propia.

PARTE III: Para qué evaluar e identificar habilidades creativas

Conclusiones y recomendaciones

Conclusiones

Los estudios con enfoques cuantitativos no solo permiten identificar el perfil creativo de los individuos o equipos de trabajo, sino que además permiten relacionar el impacto del uso de herramientas TIC en las habilidades creativas. Un gerente, coordinador o supervisor en una organización puede recurrir a estas herramientas para identificar cuáles habilidades creativas necesita potenciar en el talento humano a su cargo, para mejorar la eficiencia, eficacia y competitividad en sus procesos a partir del desarrollo creativo. Este proceso lo puede llevar a cabo no solo con las herramientas TIC que se utilicen en la organización, sino, que además, puede indagar sobre el impacto por el uso de otras herramientas o estrategias mediadas por TIC, comparándolas con la mejora en el cumplimiento de indicadores. Adicionalmente, este enfoque permite responder tipos de preguntas dicotómicas que conllevan al planteamiento de hipótesis alternativa y nula, esto permite, además de identificar cuales habilidades creativas desarrolla un individuo, poder caracterizar e indagar sobre los factores que potencian o inhiben la creatividad en el individuo. En el caso del estudio usado como contexto, se validó la hipótesis alternativa donde el modelado CAD 3D, obliga a los individuos al uso de estructuras complejas del pensamiento, y que por ende existe un desarrollo de la creatividad, que de acuerdo con los indicadores evaluados por el instrumento ECG corresponen a:

- Elaboración (El).

- Conectividad temática (Ct).

- Conectividad expansiva (Ce).

- Fantasía (Fa).

- Habilidad gráfca (Hg).

- Sentido del Humor (Sh).

- Fluidez gráfca (Fg).

El puntaje total (Pt), no es considerado como un indicador de habilidad gráfica del ECG, pero brinda una perspectiva holística de los resultados globales de las pruebas. Se pudo apreciar un aumento en la media, en términos generales, indica que el uso herramientas TIC generan desarrollo de manera significativa en habilidades creativas para los individuos.

La creatividad, vista como característica de un individuo, es el punto de convergencia de las diferentes vertientes teóricas abordadas en el libro, se observa como las diferentes tensiones entre autores generadas en la primera parte, convergen hacia el desarrollo de habilidades creativas como consecuencia del uso de herramientas TIC, pero siempre vistas desde un área o campo de dominio específico, lo que permite identificar características creativas de un individuo en comparación con otros.

El uso de la herramienta estadística SPSS® permite llevar a cabo una prueba de independencia de variables con el índice estadístico "Chi-cuadrado", la cual es necesaria para interpretar los resultados obtenidos arrojados por el programa, donde se tabulan las variables grupo de estudio (Experimental y Control) con cada uno de los indicadores de las pruebas utilizadas, tanto para el *Pretest* como el *Postest* respectivamente. Así mismo, el SPSS® permite realizar comparaciones para identificar diferencias significativas en cada uno de los indicadores evaluados, para ello se utiliza la prueba t para muestras relacionadas, puesto que, en estos casos, tanto el *Pretest* como el *Postest* se realicen al mismo grupo, y para muestras independientes, puesto que, en estos casos, se comparan los resultados obtenidos en las pruebas de grupos independientes. Mediante el análisis paramétrico de la prueba t se determina si las diferencias entre las medias de los grupos experimental y control son significativas desde un punto de vista estadístico, lo que permite identificar el estado de las habilidades creativas de los individuos que trabajan con herramientas TIC.

Para establecer las diferencias significativas entre las habilidades creativas de los individuos objeto de una investigación que apropien el uso de una herramienta TIC (grupo experimental) con el grupo de control, se realiza análisis de distribución de frecuencias descriptivas para ambos grupos, esto permite, desde el punto de vista estadístico, no solo comparar las medias, sino revisar el detalle en porcentaje de cuantos individuos aumentaron y disminuyeron una valoración para cada uno de los indicadores evaluados.

En el contexto de estudios con enfoque cuantitativo, se podrán utilizar los resultados obtenidos del análisis estadístico y confrontarlos con los soportes teóricos presentados en la *PARTE I: Creatividad, pensamiento, desarrollo humano y educación* , permitiéndose realizar una análisis mixto para identificar los principales códigos-categorías asociados a los indicadores y los resultados, y así establecer los factores que permiten el desarrollo de habilidades creativas con como consecuencia del uso de herramientas TIC, apoyados por el uso de Atlas.ti®.

Para los estudios comprensivos sobre el impacto de las herramientas TIC en las habilidades creativas, la Teoría Fundamentada tiene como objetivo la emergencia de teoría inductiva sobre un área sustantiva, esto obliga al investigador a desarrollar diferentes tipos de codificación que garantizarán la saturación teórica deseada en este tipo de investigaciones, permitiéndose abordar la mayor cantidad de aspectos posible, así que, además de los resultados ofrecidos por los enfoques cuantitativos, los estudios comprensivos pueden abordar aspectos en el individuo como estado anímico, motivación, satisfacción, y ahondar más en el impacto que tienen las habilidades creativas en el perfil psicológico.

Para los estudios comprensivos y/o mixtos, el uso de Atlas.ti® dispone de varias herramientas de exploración y consulta de datos, las cuales son útiles para generar nuevas preguntas al proceso de investigación y para identificar aquellas categorías que necesitan ser más consultadas o saturadas teóricamente.

El uso de herramientas TIC permiten al individuo potenciar habilidades creativas para el emprendimiento y el aprendizaje de un segundo idioma, además, con la conjetura de que al estudiar cada una de las principales herramientas TIC usadas en la actualidad, se puedan caracterizar y relacionar las habilidades creativas que permitan no solo enfrentar en mejor medida el emprendimiento y aprendizaje de un segundo idoma, sino además los retos como las industrias 4.0 y aumentar el potencial innovador de las organizaciones e individuos.

Recomendaciones

Con el propósito de seguir profundizando en los factores que desarrollen habilidades creativas en los estudiantes, el modelo del Laboratorio de creatividad TIC se permite proponer a continuación una serie de enfoques investigativos:

- De acuerdo con la prueba de Inteligencias múltiples (Sánchez; Andrade, 2014), se puede establecer la relación entre las habilidades creativas que desarrolla el individuo con el uso de herramientas TIC y las inteligencias con puntaje más alto. Esto permitirá identificar factores que desarrollen las habilidades creativas de acuerdo con el tipo de inteligencia. El autor, en su estudio con el uso modelado CAD 3D (García Espinosa, Desarrollo de las habilidades creativas de los aprendices del SENA como consecuencia del uso de herramientas TIC, 2019), llevó a cabo la aplicación de pruebas tales como la guía para identificar las inteligencias múltiples de Kertész (citado por Sánchez González & Andrade Esparza, 2014).

- Otra prueba que arroja información valiosa corresponde a identifcar los estilos de aprendizaje del individuo (Sánchez; Andrade, 2014), de esta forma se aportará a la identifcación de los factores que potencian o coaccionan las habilidades creativas de los estudiantes con el uso de herramientas TIC, el autor llevó a cabo la prueba de inventario de estilos de aprendizaje de Felder (citado en Sánchez; Andrade, 2014), la cual se observan los resultados obtenidos de aplicación de la misma (García, 2019).

- Para corroborar o contrarrestar los resultados obtenidos en estas investigaciones, se sugiere el uso de otras pruebas diferentes al instrumento ECG para medir las habilidades creativas. Se recomienda también abordar el estudio de la percepción visual o espacial (Gutierrez, 1991), para establecer su relación con la apropiación de alguna herramienta TIC, aspecto que puede influir directamente en el desarrollo de las habilidades creativas de los individuos.

- Como variables intervinientes se propone estudiar los aspectos de nutrición, estado de ánimo, ansiedad y estrés; para poder identificar aspectos de índole externo que estimulen o desestimulen el desarrollo de las habilidades creativas con el uso del modelado CAD 3D.

Para la aplicación de una intervención relacionada con el uso de TIC en una organización, se puede ofrecer como una actividad lúdica. Si se desea conocer el uso de una herramienta TIC que hace parte de las labores formales de la organización, tan solo es suficiente presentar el uso del *Pretest* y el *Postest*. Por otra parte, si se desea conocer el impacto de la implementación de una herramienta TIC en la organización es importante orientar a los empleados hacia los objetivos y expectativas esperadas como consecuencia de su implementación. En una institución educativa se puede recurrir a un curso complementario enfocado en el uso de la herramienta TIC que se vaya a implementar, ofreciendo las ventajas que ofrece esta herramienta como área transversal a los objetivos de la carrera, nivel, o programa de formación al que pertenezcan los estudiantes. También es importante tener definidos la estrategia de aprendizaje y actividades que se llevarán a cabo, como se describen en el modelo de Laboratorio de creatividad TIC. Finalmente, como iniciativa propia o personal, es importante que se debe proponer la intervención a una persona que no esté familiarizada con la evaluación de la pruea ECG, ya que si se conocen los aspectos que se tienen en cuenta para una valoración alta en cada indicador, esto conllevará a perder la objetividad de la evaluación y análisis posterior.

Cada uno de los componentes, lineamientos y aspectos de las 3 dimensiones descritas en el modelo de Laboratorio de creatividad TIC, permitirán el desarrollo de herramientas diagnósticas, que corresponden a estudios en relación con las habilidades creativas de los individuos. Asi bien, lograr el desarrollo de habilidades creativas de los individuos a partir del uso de herramientas TIC debe desencadenar estudios que permitan relacionar las habilidades creativas desarrolladas por el individuo con aquellas características deseadas en el individuo para cierto fin, entrenamiento, meta, o caracteristicas deseadas, ejemplo: desarrollar facilidades para el emprendimiento, habilidades para la generación de ideas, fluidez, divergencia, convergencia y elaboración para el desarrollo y sostenimiento de proyectos, motivación, fluidez, eficiencia y eficacia en los procesos asignados.

Ultílogo sobre la Innovación
Una molesta mirada al uso de la innovación en la actualidad

Yo estudio la innovación, me gusta la innovación, me he visto beneficiado por la innovación en el ámbito personal, laboral y económico, pero no logro hacer a un lado el hecho de que casi a diario me encuentro en los diferentes medios y entornos con el abuso de esta palabra, que para bien o mal, en muchas ocasiones discrepa mucho en relación con su evolución conceptual hasta la actualidad. Entonces, ¿a qué se debe este afán por usar el término en casi todos los contextos organizacionales?, ¿por qué las organizaciones prefieren hacer un mal uso de la palabra con tal de involucrarla en casi cualquier contexto laboral y/o resultados esperados? ¿de dónde ha surgido este planteamiento o la necesidad de abordar esta situación?

Cuando buscamos el significado de política, nos encontramos con unas palabras que, en su definición nos invitan a entenderla como el acto de orientar hacia la toma de decisiones de un grupo para alcanzar ciertos objetivos. Si lo comparamos con nuestra percepción actual de la palabra no es difícil encontrar opiniones que más o menos nos dan a entender que la política es, entre otras cosas, "un grupo de personas que buscan beneficios propios a costa de los demás", o "el acto de asumir el poder para manejar un grupo de personas", o "persona con influencias mediáticas para la consecución de empleos o contratos laborales o de servicios", entre otras. Ahora, haciendo a un lado las concepciones culturales que una comunidad pueda tener sobre el concepto de política, fácilmente puedo ir al buscador google y cuando agrego las palabras *"la política de"* me encuentro con usos como: política de inventarios, política del crimen, política del miedo, política del diseño, etc. Son esas mismas sensaciones y emociones de distanciamiento y la percepción de *"tierra de nadie"* que aparecen cuando se habla de innovación.

Partiendo de la definición de la innovación dada por la Real academia española (2017) que es *"creación o modificación de un producto, y su introducción en un mercado"*, diferentes autores como Medina Salgado & Espinosa Espíndola, Drucker, Elser, y Schumpeter (como se citan en Formichella, 2005) han mantenido la esencia. La etimología plantea a la innovación como el acto de cambiar o alterar las cosas introduciendo novedades, introducir un cambio (Formichella, 2005). En la actualidad se habla de la innovación asociada a otros términos tales como sistemas, productos, y procesos, y al que además se le ha agregado el sentido económico que consiste en la consolidación de cualquiera de los anteriores, ya sea en un mercado o en la satisfacción por parte del usuario.

En los diferentes medios sociales, academias e institutos se escucha hablar de generar innovación para subsistir, se habla del uso de las TIC como innovación, de las diferentes actividades que permitan lograr un mercado, y que eso es innovación. Es interesante como todo se ha volcado principalmente a la generación de valor, a lograr un mercado, pero ¿y que paso con la novedad?; observemos el siguiente caso: Una persona o un grupo de personas ha decido juntar su capital con miras a iniciar un nuevo negocio, el cual consistió simplemente en una nueva marca de papel higiénico, no hubo nuevos procesos, nuevos atributos en el producto, no se insistió en siquiera hacer un diseño *"creativo"* de marca o una *"novedosa"* estrategia de mercado, simplemente se agregó un producto más al mercado, al mismo precio de la competencia y bajo los mismos estándares, esto logró igualmente que la marca lograra un mercado hasta el punto en que la empresa ahora produce otro tipo

192

de productos bajo la misma *"filosofía"*, es aquí donde los expertos buscan como *"refugiarse"* y dicen que la organización ha sido igualmente innovadora, solo que no se hizo en el producto, procesos, mercadeo, etc., sino que se logró innovación al momento de encontrar el nicho de mercado que se iba a pretender… ¿pero qué?... ¿por qué esa obsesión en buscar algo donde no lo hay?, pareciera que en la actualidad no es posible concebir la puesta y sostenimiento en el mercado de un producto o servicio si no se involucra la palabra innovación en cualquiera de sus contextos, etapas o procesos.

A continuación, se presentan algunos enunciados, que ilustran la generalizada polisemia que aqueja al término "innovación" y los usos y abusos a los que se ha visto sometido:

- "… Sin lugar a dudas, la formación continua, la innovación, la calidad de los cursos, la diversidad formativa, el alto porcentaje de alumnos caninos y humanos satisfechos hacen de El Recreo una escuela canina de referencia a nivel nacional…" (El recreo canino, 2017).

- "… Aula de innovación tecnológica…", más adelante "… El aula de innovación contempla la ubicación de mesas, sillas y equipo computacional. Al aula de innovación le son asignados equipos de acuerdo a la cantidad de estudiantes (considere el grupo de estudiantes con mayor cantidad), luego los divide en dos y esa será la cantidad máxima de computadores, al cual se unirá una impresora, un scanner, un servidor, una cámara digital y una pantalla de proyección…" (Institución educativa sagrado corazón de Jesús, 2017)

- "... formular el objetivo general y los específicos tomando como referente los contenidos mencionados anteriormente, teniendo como punto de partida una idea de negocio con componente innovador" (Emprender, 2017).

Como se puede observar, muchas veces las personas naturales o jurídicas intentan casi que obligadamente insertar la palabra innovación en cualquiera de sus contextos organizacionales, confundiéndola con el hecho de que se tratan de casos de mejora, o de procesos que simplemente apuntan a la mejora organizacional, en términos de calidad de alguno o varios de sus procesos (como se observa en los dos primeros enunciados), pero que no se verán reflejados en la introducción en un mercado como tal o de novedad.

El tercer enunciado es uno de muchos con los que me he topado, ¿cómo es posible obligar a un emprendedor que apenas está concibiendo una idea de negocio, que agregue componentes de innovación a la misma? Si se trabaja en una etapa de planeación de una idea ya sea de negocio, producto, servicio, proceso, etc., sería más conveniente agregar al momento de evaluarla indicadores en términos de novedad de dicha idea, o también acudir a cuál es la originalidad de la idea, e intentar cuantificar estos indicadores para aportar a la evaluación o viabilidad.

Debería tener un gran significado para todos aquellos profesionales que nos sentimos apasionados por disciplinas como la innovación el hecho de aportar al desarrollo social, o de alguna comunidad específica, entre otras cosas, con el uso de las buenas prácticas, no solo en nuestra labor profesional sino en el lenguaje y la forma en que comunicamos a nuestros interlocutores o clientes la información. Tampoco caer en el afán de ser parte de esa gigantesca "*bola de nieve*" de la innovación y "*venderla*" de manera que atente contra nuestros propios principios o en contra de los grandes autores que tantos esfuerzos han dedicado a lo largo de la historia para permitir una evolución conceptual coherente hasta la actualidad. Se puede hablar entonces de lograr valor simplemente mejorando algún proceso, logrando mercado, sin necesidad de novedad, y, por consiguiente, sin necesidad de innovación. De esta forma cuando tratemos de implementar productos, procesos o modelos de innovación en cualquier organización ésta tendrá la robustez y la importancia merecida, con los cimientos estratégicos y de alta dedicación de tiempo que implican el desarrollo de la misma.

Referencias

Acaso, M. (2009). *El lenguaje visual* (1era ed.). Barcelona, España: Ediciones Paidós Ibérica S.A.

Aguayo Canela, M. (2007). Cómo realizar "paso a paso" un contraste de hipótesis con SPSS para Windows y alternativamente con EPIINFO y EPIDAT: (II) Asociación entre una variable cuantitativa y una categórica (Comparación de medias entre dos o más grupos independientes). *Fabis*(0702004).

Aguilar, M., López, M., De las Heras, A., & Gámez, J. (2014). El software de diseño 3D como recurso docente en la clase magistral de expresión gráfica. Caso Estudio: El tetraedro. *Congreso Universitario de enseñanzas técnicas. 2*, págs. 1299-1310. Almadén: Ediciones de la Universidad de Castilla - La Mancha.

Amabile, T. (Noviembre de 1998). Como Aniquilar la Creatividad. (E. e. Revista, Ed.) *Harvard Business Review*.

Armheim, R. (1986). *El pensamiento visual.* Barcelona: Ediciones Paidós.

Arroyo Almaraz, I. (1997). *Creación de imágenes mentales según la naturaleza y las formas de los estímulos.* Madrid, España: Universidad complutense de madrid.

Barker, C. (2017). *Libros de Sangre.* (Vols. I, II y III). (M. Lila Murillo, Trad.) Madrid: Valdemar.

Bayona, D., & Mejía, J. I. (2003). *Ambiente creativo, hacia su fortalecimiento en la cámara de comercio de Manizales.* Manizales: Universidad Nacional de Colombia.

Bermejo García, R., Ferrando Prieto, M., Sainz Gómez, M., Soto Martínez, G., & Ruiz Melero, M. (2014). Procesos cognitivos de la creatividad en estudiantes universitarios. *Educatio Siglo XXI, 32*(2), 41-58. Recuperado el 13 de 06 de 2017, de http://revistas.um.es/educatio/article/view/202151/164711

Bonnardel, N., & Zenasni, F. (2010). the impact of technology on creativity in design: An enhancement? *Creativity and Innovation Management, 19*(2), 180-191. doi:10.1111/j.1467-8691.2010.00560.x

Cantero, D. S. (20 de Agosto de 2014). Teoría fundamentada y Atlas.ti: recursos metodológicos para la investigación educativa. *Revista electrónica de investigación educativa, 16*(1), 104-122. Obtenido de http://redie.uabc.mx/vol16no1/contenido-sanmartin.html

Carrero Planes, V., Soriano Miras, R. M., & Trinidad Requena, A. (2012). *Teoría Fundamentada Grounded Theory. El desarrollo de teoría desde la generalización conceptual* (segunda ed.). Madrid, España: Consejo editorial de la colección Cuadernos Metodológicos.

Chaur Bernal, J. (2004). *Diseño conceptual de productos asistido por ordenador: Un estudio analítico sobre aplicaciones y definición de la estructura básica de un nuevo programa.* Barcelona: Universidad politécnica de cataluña. Obtenido de http://hdl.handle.net/10803/6837

Cho, J. Y. (2016). An Investigation of Design Studio Performance in Relation to Creativity, Spatial Ability, and Visual Cognitive Style. *Thinking Skills and Creativity*, 37.

Company Calleja, P., & Gonzáles Lluch, C. (2013). *CAD 3D con Solidworks Tomo I: Diseño básico.* Castelló de la Plana: Publicacions de la Universitat Jaume I.

De Bono, E. (1993). *El pensamiento lateral, manual de creatividad* (3eera edición ed.). Barcelona, España: Paidós Empresa 5.

De la torre, S. (1991). *Evaluación de la creatividad. TAEC, un instrumento de apoyo a la Reforma.* Madrid: Editorial Escuela Española, S.A.

de la Torre, S., & Marín Ibañez, R. (1991). *Manual de la creatividad.* Barcelona: Ediciones Vivens Vives S.A.

De la Torre, S., & Violant, V. (2006). *COMPRENDER Y EVALUAR LA CREATIVIDAD. Cómo investigar y evaluar la creatividad. VOL. 2.* Málaga: Aljibe, S.L.

El recreo canino. (12 de 07 de 2017). *Escuela Canina El recreo Espacio Canino*. Obtenido de http://www.elrecreocanino.com/

Emprender, F. (12 de 07 de 2017). *Metodología para las buenas prácticas de formulación fondo emprender*. Obtenido de http://www.fondoemprender.com/DocsHerramientas/GUIA-BUENAS-PRACTICAS-DE-FORMULACION-FE-2014.pdf

Escat Cortés, M., & Romo Santos, M. (Junio de 2015). Emprendimiento y personalidad creativa en estudiantes universitarios. *Creatividad y Sociedad*(23), 64-99. Obtenido de http://creatividadysociedad.com/articulos/23/3_Emprendimiento%20 y%20personalidad%20en%20estudios%20universitarios.pdf

Formichella, M. (2005). *La evolución del concepto de innovación y su relación con el desarrollo*. Tres Arrollos: Estación Experimental Agropecuaria Integrada Barrow.

García Espinosa, C. A. (2019). *Desarrollo de las habilidades creativas de los aprendices del SENA como consecuencia del uso de herramientas TIC*. Universidad Autónoma de Manizales UAM. Manizales: Universidad Autónoma de Manizales UAM.

García Espinosa, C. A. (30 de 12 de 2019). Modelo para el desarrollo y diagnóstico del laboratorio de Creatividad TIC SENA. (J. C. Garcia Buitrago, Ed.) *Teinnova CDITI, 4*(1), 11-17.

García Espinosa, C. A., & Gómez Angarita, J. (Diciembre de 2020). Desarrollo de habilidades creativas de los estudiantes como consecuencia del uso de herramientas TIC. *Informador Técnico, 84*(2), 21-42. doi:doi:http://doi.org/10.23850/22565035.2547

Gardner, H. (1993). Estructuras de la Mente. En G. Howard, *Estructuras de la Mente, La Teoría de Las Inteligencias Múltiples*. Nueva York: Basic Books, división de Harper Collins Publisher Inc.

Gardner, H. (1997). *Arte, Mente y Cerebro, una aproximacion cognitiva a la creatividad*. argentina: Paidos.

Gardner, H. (2001). *Estructuras de la mente, la teoria de las inteligencias multiples*. Bogota: Fondo de Cultura Economica LTDA.

Gardner, H. (2010). *Mentes Creativas: Una anatomía de la creatividad*. Paidos Iberica.

Gonzales Quitián, C. (1997). *Creatividad y educación*. Manizales: Centro de publicaciones Universidad Nacional de Colombia Sede Manizales.

Gutierrez, A. (1991). Procesos y habilidades en visualización espacial. *Memorias del 3er Congreso Internacional sobre investigación en Educación Matemática* (pág. 16). Valencia: Universidad de Valencia.

Hernández Sampieri, R., Fernández Collado, C., & Baptista Lucio, M. d. (2014). *Metodlogía de la investigación* (6ta ed.). México D.F: Mc Graw Hill Education.

Ibrahim, R., & Pour Rahimian, F. (2010). Comparison of CAD and manual sketching tools for teaching architectural design. *Automation in construction*(19), 978-987. doi:10.1016/j.autcon.2010.09.003

ICFES. (1990). *Formación técnica y tecnológica* (Vol. 1). Cartagena: Procesos editoriales ICFES.

Institución educativa sagrado corazón de Jesús. (12 de 07 de 2017). *Implementación de aula AITI: Aula de Innovación Tecnológica Infantil"*. Obtenido de http://revistas.unitru.edu.pe/index.php/PET/article/download/406/345

Instituto colombiano para el fomento de la educación superior ICFES. (1998). *Educación técnica y tecnológica. Comisión para su fortalecimiento*. Bogotá: Ministerio de educación nacional.

Jimenez Narvaez, L. (1998). *La producción creativa en el diseño. Conocimiento y pensamiento*. Mexico: Universidad Nacional Autónoma de méxico - DIvisión de estudios de posgrado e investigación.

Jordan, M. (1994). *Mi filosofía del triunfo* (Primera ed.). Mexico, Mexico: Selector Actualidad Editorial.

K. Lieu, D., & Sorby, S. (2011). *Dibujo para diseño de ingeniería*. México: Cengage Learning Editores.

Lee, S., & Yan, J. (February de 2016). The impact of 3D CAD interfaces on user ideation: A comparative analysis using SketchUp and Silhouette. *Design Studies*(44), 52-76. doi:DOI: 10.1016/j.destud.2016.02.001

Mahon, H. (1998). *Las personas: la clave para el éxito de su empresa.* Buenos Aires: Vergara.

Marín Ibañez, R. (1998). *La creatividad: diagnóstico, evaluación e investigación.* Madrid: universidad Nacional de educación a distancia.

Martinez Jáuregui, E., Pineda Serna, L., Naranjo Herrera, C. G., González Quitián, C. A., & Johannes Bruszies, C. (2012). *Creatividad & Innovación 3. Conocimiento.* Manizales: Universidad Autónoma de Manizales.

Medina Salgado, C., & Espinosa Espíndola, M. (1994). *La innovación en las organizaciones modernas.* Obtenido de http://www-azc.uam.mx/publicaciones/gestion/num5/doc06.htm

Miller, A. (2009). *Cognitive processes associated with creativity : scale development and validation.* Muncie, Indiana, Estados Unidos de América: Ball state University. Obtenido de http://liblink.bsu.edu/catkey/1466729

Musta´mal, A. H., Norman, E., Khata, M. J., & Buntat, Y. (octubre de 2012). Does CAD really encourage creative behaviours among its users: A case study. *Procedia - social and behavioral sciences, 56,* 602-608. doi:https://doi.org/10.1016/j.sbspro.2012.09.694

Olmo Cazevieille, F., & Labrador Piquer, M. J. (2019). La creatividad en la enseñanza de lenguas basada en proyectos y su dimensión digital. *Diálogos, 20*(36), 117-134. Obtenido de https://www.ceeol.com/search/article-detail?id=810061

Ovejero Hernández, M. (2013). *Desarrollo cognitivo y motor.* Madrid: Macmillan Profesional.

Padilla Beltrán, J. E., Vega Rojas, P. L., & Rincón Caballero, D. A. (Junio de 2014). Teoría fundamentada y sus implicaciones en investigación educativa: el caso de Atlas.ti. *Revista de investigaciones UNAD, 13*(1), 23-39.

Peterson, J. (2018). *12 reglas para vivir. Un antídoto al caos.* Bogotá, Colombia: Planeta Colombiana S.A.

Pineda Cruz, E., Sanchez Valencia, M., & Amarilles Ospina, D. (1998). *Lenguajes objetuales y posicionamiento.* Bogotá: Fundación Universidad de Bogotá Jorge Tadeo Lozano.

Real academia española. (12 de 07 de 2017). *Diccionario de la real academia española.* Obtenido de http://dle.rae.es/srv/fetch?id=Lgx0cfV

Rodriguez B., M. (2009). El pensamiento lógico matemático desde la perspectiva de Piaget. *ProQuest ebrary,* 18. Recuperado el 09 de 07 de 2017

S, F. (2012). *ATLAS.ti 7 Guía Rápida.* Berlín: ATLAS.ti Scientific Software Development GmbH.

Sabino, C. A. (1980). *El proceso de investigación.* Bogota, Colombia: El Cid Editor ltda.

Sánchez González, L., & Andrade Esparza, R. (2014). *Inteligencias múltiples y estilos de aprendizaje: diagnóstico y estrategias para su potenciación.* Alfaomega.

Sánchez, M., Tarquino, G., Suárez, J., Ladino, A., Jiménez, I., Márquez, L., . . . Sierra, P. (2006). *Diseñar desde el pensamiento analógico por modelos. Desarrollo de la creatividad.* Bogotá: Fundación Universidad de Bogotá JOrge Tadeo LOzano.

Servicio Nacional de Aprendizaje SENA. (2016). *Diseño curricular del programa de formación Mantenimiento Mecatrónico de Automotores.*

Servicio Nacional de Aprendizaje SENA. (2017). *Informe de aprendices matriculados en etapa lectiva del programa MAntenimiento Mecatrónico de Automotores.* Archivo csv extraido del sistema SOFIA, Servicio Nacional de Aprendizaje SENA, Risaralda, Dosquebradas.

Solaz Portolés, J., & Sanjosé López, V. (19 de 08 de 2008). Conocimientos y procesos cognitivos en la resolución de problemas de ciencias:

Consecuencias para la enseñanza. *Revista internacional de investigación en educación, 1*(1), 147-162.

Sönmez, M. (2013). Creativity and solid modeling. *Procedia - Social and Behavioral Sciences, 93*, 5.

Torre, S. d. (1 de diciembre de 2009). La universidad que queremos. Estrategias creativas en el aula universitaria. *Revista Digital Universitaria, 10*(12), 17.

Torre, S. d., & Violant, V. (2006). *Comprender y Evaluar la Creatividad Vol.1*. Malaga: Algibe, S.L.

Valdés de León, G. (2011). *Una molesta introducción al estudio del diseño* (1a ed.). Buenos aires: Nobuko.

Villafañe, J., & Mínguez, N. (2014). *Principios de teoría general de la imagen*. Madrid: Ediciones Pirámide (Grupo Anaya, S.A.).

Whitefield, A. (Septiembre de 1986). An analysis and comparison of knowledge use in designing with and without CAD. *Knowledge Engineering and Computer Modelling in CAD*(86), 89-97. doi:https://doi.org/10.1016/B978-0-408-00824-2.50019-6

Información sobre el autor

Nacido en Pereira y residente en Bogotá D.C. (Colombia), Camilo Alejandro García se graduó en la Universidad Tecnológica de Pereira con el título de Ingeniero mecánico en 2008 y graduado de la Universidad Autónoma de Manizales como Magíster en creatividad e innovación en las organizaciones en 2019. Experiencia docente de más de 10 años y experiencia profesional relacionada con la profesión en empresas de mantenimiento automotriz, diseño 3D, prototipado 2D y 3D, escaneo 3D, proyectos de base tecnológica apalancados con el diseño 3D.

Ha realizado investigaciones sobre el Desarrollo de habilidades creativas en los estudiantes como consecuencia del uso de herramientas TIC y la implementación del sistema de línea recta para empresas concesionarias, autopartes y automotrices, para potenciar el talento humano hacia la competitividad, emprendimiento, aumento del potencial innovador, la transformación laboral y productiva. Asesora organizaciones y personas en metodologías como *Design Thinking*, modelos de negocios, técnicas creativas y resolución de problemas, retos, proyectos de investigación, articulación del talento humano con necesidades de diferentes poblaciones para el desarrollo de proyectos de base tecnológica.

Líder fundador del semillero de investigación en tecnología Automotriz SITA-CDITI del SENA Centro de Diseño e Innovación Tecnológica Industrial, y voluntario docente del Grupo de Usuarios de Solidworks de Pereira. Ha liderado procesos de acreditación institucional y desarrollo curricular de los programas de formación Tecnólogo en mantenimiento mecatrónico de automotores y Tecnólogo en mantenimiento mecánico Industrial del SENA CDITI.

Actualmente se desempeña como coordinador de servicios posventa y repuestos para toda la red global de una importante compañía de motocicletas y vehículos eléctricos, que, sumados a varios años de experiencia en el área automotriz y logística le han permitido desarrollar e implementar gestión de procesos mediados por ERP Netsuite®, Erplain®, Glasscubes®, procesos de homologación de modelos de vehículos en varios países de Latinoamérica y en Colombia ante el ANLA, evaluación de CEPD. Gestión logística para despacho de pedidos de repuestos y motocicletas, Implementación de software especializado para la gestión automotriz. Codificación y clasificación de repuestos y vehículos.

http://www.camilo-garcia.com